入所施設だからこそ起きてしまった
相模原障害者殺傷事件

【著】河東田 博

隣人を
「排除せず」
「差別せず」
「共に生きる」
ための当事者視点の改革

現代書館

入所施設だからこそ起きてしまった
相模原障害者殺傷事件

目次

はじめに　7

序　章　隣人を「排除せず」「差別せず」「共に生きる」社会づくりを構想するために
　　　　——社会形成モデルの検討と社会形成モデルの現状——　………… 20

第1章　障害者殺傷事件を生み出す歴史的・社会的・構造的実態1
　　　　——障害者運動史を通して見る社会的排除・差別・権利侵害
　　　　の実態——　……………………………………………………………… 28

　第1節　人間性の否定的値踏みと社会的排除・差別　28

　第2節　社会的排除・差別の象徴としての入所施設の誕生と入所施設での悲惨な実態　29

　第3節　障害者による社会を変革する取り組み　32

第2章　障害者殺傷事件を生み出す歴史的・社会的・構造的実態2
　　　　——社会的排除・差別・権利侵害されてきた人たちの歩みを通して——
　　　　……………………………………………………………………………… 37

　第1節　人としての権利を侵害されている人たち　37

　第2節　改めてハンセン病回復者の社会的排除・差別・権利侵害を考える　38

　第3節　逸脱者とレッテルを貼られた障害当事者への社会的排除・差別・権利侵害　41

　第4節　社会から排除され再び社会に戻ってきた人たちへの差別・権利侵害　43

　第5節　日本で生活する外国人への社会的排除・差別・権利侵害　46

　第6節　障害のある人たちが今なお直面する社会的排除・差別・権利侵害　49

　第7節　女性・子ども・若者・高齢者への社会的排除・差別・権利侵害　53

第3章　障害者殺傷事件を生み出す歴史的・社会的・構造的実態 3
　　　　——津久井やまゆり園殺傷事件の軌跡と事件の検証・検討チーム
　　　報告書の検討を通して—— ……………………………………………… 60

　第1節　相模原障害者支援施設津久井やまゆり園殺傷事件の軌跡　60

　第2節　「相模原市の障害者支援施設における事件の検証及び再発防止策
　　　　検討チーム」報告書に見る問題と課題　63

第4章　障害者殺傷事件を生み出す歴史的・社会的・構造的実態 4
　　　　——精神保健及び精神障害者福祉に関する法律の一部を改正
　　　する法律案の検討を通して—— ………………………………………… 72

　第1節　精神保健福祉法の目的　72

　第2節　相模原事件から精神保健福祉法改正案上程までの流れ　74

　第3節　精神保健福祉法改正案の主な改正点と特徴　77

　第4節　精神保健福祉法改正案への諸見解　80

第5章　障害者殺傷事件発生の要因とメカニズムを解明するために
　　　　——修正社会形成モデルの提示と諸方策「点検指標」の検討—— 85

　第1節　混迷社会から垣間見える社会的排除・差別の要因とメカニズム　85

　第2節　混迷社会の意識化と修正社会形成モデルの提示　90

　第3節　障害者殺傷事件発生の要因・メカニズムと諸方策「点検指標」の検討　93

第6章　障害者殺傷事件を二度と起こさないようにするための方策と
　　　評価 1
　　　　——現在地での全面的な建替え／全個室・ユニット方式
　　　への疑問と評価 ……………………………………………………… 103

第1節　津久井やまゆり園障害者殺傷事件をどう受け止め、どう整理すべきか　103

第2節　「現在地での全面的な建替え」「全個室・ユニット方式」への疑問と
　　　　評価　109

第7章　障害者殺傷事件を二度と起こさないようにするための
　　　　方策と評価2
　　　　──津久井やまゆり園再生基本構想策定部会「検討結果報告書」
　　　　＆神奈川県「津久井やまゆり園再生基本構想」の評価──　……　115

第1節　事件発生から神奈川県「津久井やまゆり園再生基本構想」策定
　　　　までの経緯　115

第2節　「津久井やまゆり園再生基本構想」策定への黒岩祐治神奈川県
　　　　知事の想い　119

第3節　神奈川県「津久井やまゆり園再生基本構想」の問題と課題　127

第8章　障害者殺傷事件を二度と起こさないようにするための社会的
　　　　仕組みづくり
　　　　──隣人を「排除せず」「差別せず」「共に生きる」社会づく
　　　　りの検討1 ……………………………………………………　146

第1節　障害者殺傷の芽となる虐待／権利侵害　146

第2節　なぜ虐待や権利侵害が起こるのか　148

第3節　知的障害者の生きる場を地域で保障するための社会的仕組みづくり：
　　　　スウェーデンからの学び　151

第9章　障害者殺傷事件を二度と起こさないようにするための権
　　　　利擁護体制づくり
　　　　──隣人を「排除せず」「差別せず」「共に生きる」社会
　　　　づくりの検討2 ………………………………………………　157

第1節　福祉現場での権利擁護体制づくりの必要性　157

第2節　福祉現場で「権利擁護」体制を確立し「意思決定支援」を行う
　　　　ために　161

第3節　「権利擁護・意思決定支援モデル」の実践を　166

終　章　隣人を「排除せず」「差別せず」「共に生きる」……………170

おわりに　177

はじめに

　2016年7月26日7時50分、大学の研究室に入った途端、研究室の電話が鳴った。朝日新聞記者から「今朝相模原の障害者支援施設やまゆり園で殺傷事件が起こったのですが、ご存じでしたか？」という電話だった。5時30分起床、6時20分に家を出、研究室に着いたばかりのため、事件については何も知らなかった。電話で記者から事件の概要（知的障害者19名が殺害され、27名が重軽傷を負った）を聴き、矢継ぎ早の質問に答えてはみたものの、驚きが先に立ち未だに何を答えたのかよく覚えていない。ただ、「入所施設の夜勤体制がどうなっているのかを教えてほしい」等施設の安全管理に的を絞った質問に対して、隔離収容という大規模入所施設の存在そのものが今回の大量殺傷事件を生んだのではないか、と答えたことだけは覚えている。

　3日後の7月29日には、地域生活支援を積極的に推し進めてきた知人より「重度知的障害者大量虐殺事件。福祉業界のこれまでの努力は無に帰した。私の50年間も。障害者の親は老化し、兄弟姉妹は、自分の家族の世話で精一杯。障害をもって生きることの苦労を知らない職員たちに人生をにぎられている。」というメールを受け取った。このメールの内容が、相模原障害者支援施設での殺傷事件だけでなく、昨今の施設職員の利用者に対する心無い対応や質の低い関わりに対しても記したものだったことが、後にお会いして理解することができた。ただメールを受け取ったときは、福祉業界の努力がこれまで無に帰したことはなく、今後も無に帰させないための努力を絶え間なく続けていく必要があるのではないかと心の中で返信した。

7

また、8月23日にはNHK報道局社会部の記者から「相模原障害者支援施設殺傷事件への見解を聴きたい」との問い合わせがあった。8月24日には「相模原市で起きた殺傷事件をうけたNHK緊急調査の結果概要」〔調査対象：日本知的障害者福祉協会に加盟し施設入所支援を行う定員100名以上の施設89カ所、質問「侵入者に対する警備の見直しなど対策を講じたか」に対する結果：A．新たな対策を講じた22カ所（29％）、B．対策を検討中53カ所（70％）、C．新たな対策は考えていない1カ所（1％）、他〕を受け取り、2度の電話インタビューを経て、8月25日、NHK放送センターで1時間にわたるインタビューを受けた。インタビューの一部は、8月26日のNHK総合テレビ各種ニュースで放映され、NHKラジオ第1のニュースでも取り上げられた。

　以後筆者は、2017年1月26日「津久井やまゆり園事件を考える1.26神奈川集会」（主催：1.26神奈川集会実行委員会、会場：かながわ県民活動サポートセンター）や2017年3月26日「津久井やまゆり園事件を考える全国集会」（主催：3.26全国集会実行委員会、会場：法政大学市ヶ谷キャンパス80年館）、2017年7月15日「相模原市津久井やまゆり園殺傷事件を振り返る」（主催：立教大学社会福祉研究所、会場：立教大学池袋キャンパス7号館）の演者として筆者の考え方を伝え、2017年1月26日には、NHKラジオ第1「相模原の殺傷事件から半年　事件の残したもの」（18時15-45分）にも出演することになった。その他『神奈川新聞』や『毎日新聞』などからも取材を受け、いくつかの雑誌にも相模原障害者支援施設殺傷事件に関する論文等を寄稿してきた。

　相模原障害者支援施設殺傷事件に関する諸講演や論文の執筆・取材対応等を通して、相模原障害者支援施設殺傷事件発生の背景要因は何か、このような障害者殺傷事件を二度と繰り返さないようにするためにはどうしたらよいのかを考え続けてきた。相模原での残忍で卑劣な障害者殺傷事件が起こってから早2年近くになろうとしている。植松聖容疑者を

裁くための裁判は未だに行われていないし、その動きすらも伝わってこない。そこで、相模原障害者支援施設殺傷事件発生の背景要因は何だったのか、このような事件を二度と繰り返さないようにするにはどのような対策を講ずればよいのか、どうしたら相模原障害者支援施設殺傷事件を乗り越え、隣人を「排除せず」「差別せず」「共に生きる」ことのできる共生社会を目指していくことができるのか、試行錯誤しながら筆者なりに模索をしていこうと思う。

　本書をまとめるにあたり、「津久井やまゆり園事件を考える 1.26 神奈川集会」に集った 1.26 神奈川集会実行委員会のメンバー〔DPI（障害者インターナショナル）日本会議や神奈川県下の各種障害者団体、集会呼びかけ人等〕が共有できるメーリングリストを通して収集することができた厚生労働省の精神障害者の措置入院の在り方検討委員会の検討経過や検討結果に関する資料、神奈川県津久井やまゆり園再生基本構想作成に関する各種資料、津久井やまゆり園の建替え問題を検討していた神奈川県障害者施策審議会（下部委員会も含む）の検討経過や議事録等、多数の資料を参考にさせていただいた。また、全国各地の障害者関係団体や支援機関が発行している機関誌等も活用させていただいた。さらに、メディアから受けた取材記事や筆者が参加した集会での発言録なども参考にし、時に引用させていただいた。

　ところで、筆者は、2017 年 7 月 15 日に行われた立教大学社会福祉研究所主催第 45 回社会福祉のフロンティア「相模原市津久井やまゆり園殺傷事件を振り返る」の中で、次のような発言[注1]を行った。神奈川県障害者施策審議会から「再生基本構想」取りまとめの依頼を受けた「津久井やまゆり園再生基本構想策定に関する部会」が最終段階に入り、答申内容が見えてきた時期での発言だった。部会で取りまとめた「津久井やま

ゆり園再生基本構想策定に関する部会検討結果報告書」（案）は、神奈川県障害者施策審議会（2017 年 8 月 17 日）、「津久井やまゆり園事件再発防止対策・再生本部」（2017 年 8 月 24 日）で承認され、その後、利用者の家族、地域住民、障害者団体等への説明、神奈川県議会にも報告され、2017 年 10 月 14 日、神奈川県が「津久井やまゆり園再生基本構想」として示した。

　この一連の経過は、第 7 章で詳しく紹介するが、筆者が本書において、どのような立ち位置で相模原障害者支援施設殺傷事件を整理していこうとしているのか、その概要を把握していただくために、まず 2017 年 7 月 15 日の筆者の発言内容を（「である」調で）記すことから始めよう。なお、筆者の発言で取り上げた引用などは、後の章（第 1 章、第 5 章、第 6 章他）を参照していただきたい。

───────────────

　私は、元入所施設職員の経験を基に、入所施設改革に関する研究を進めてきた。そのような立場からこの事件を私なりに整理し、考察してきたことを伝えたい。

　ところで、この事件は、なぜ起こってしまったのだろうか。また、この事件を受けて、神奈川県はどのような方針を出そうとしているのだろうか。さらに、私たちはこの方針をどのように受け止めていったらよいのだろうか。このような幾つかの命題に対して私がどのように考え、整理してきたのかを伝えていきたいと思う。

　津久井やまゆり園は、外から見えない。利用者は隔離され、集中管理され、集団での生活を余儀なくされている。こうした入所施設の特徴は、何か悪意をもって行動しようとすると大事に至る可能性を有する環境と構造をもっているということを意味している。このような特別な環境下で、植松容疑者は、利用者の殺人計画を練り、意図的に大事件を引き起こしたのではないか、という整理が必要であろう。

この事件を受けて、神奈川県は様々な対策を講じてきた。2016 年 10 月 14 日に「ともに生きる社会かながわ憲章」を制定した。「誰もがその人らしく暮らすことのできる地域社会を実現します」を軸としたものである。その後、2017 年 1 月 6 日に、親や施設職員の要望を受け、現在地にやまゆり園を建て替えるという県としての基本的な考え方を示した。この県の基本的な考え方に対して、地元神奈川県の障害者団体は反発をした。2017 年 2 月 3 日、神奈川県は社会福祉審議会内に部会を立ち上げ、部会に再生基本構想の策定を依頼した。これまでに部会が 10 回ほど開催されてきている。2017 年 3 月には、部会からグループホームや地域での自立生活の選択肢も含めた今後の生活環境に関する希望を実現するための取り組みを進めていきたいという方針が示され、同年 6 月には、地域移行の推進を確認した。同年 7 月には、定員を縮小しながら地域に分散することについて意見交換がなされた。もちろん、保護者の意向を受け止めた委員は疑問を投げかけた。7 月の部会は、130 名の入所定員を確保した上で、小規模分散化を図りたいという部会長提案を受けて閉会した。その後、部会から出される答申が小規模分散化の方向でまとめられ、この答申を受けて神奈川県も 8 月中には小規模分散化という再生基本構想を出していくことになった。

　それでは、この部会の検討結果（答申案）を私たちはどのように受け止め、どう整理していかなければならないのだろうか。

　1960 年代半ばに、アメリカで、『煉獄のクリスマス』という写真エッセイ集が出版された。この写真エッセイ集では、管理・支配され、人権が無視された入所施設利用者のとても酷い実態が描かれていた。これほど酷くはないにしても、今日の入所施設の実態を私の入所施設での労働体験から見ていくとどうなるだろうか。

　私が入所施設で働いていたのは 1974 年から 86 年までで、当時この施設は「東洋一」と言われていた。入所者年間 1 人当たり約 2000 万円か

はじめに　11

けて施設が運営されていた。しかし、利用者の生活の質はそれほど高くなく、ごく平均的なものだった。むしろ入所施設の弊害ばかりが目立った。心ある職員が施設改善の行動を起こしたが、一向に改善されなかった。

　利用者の要求に応えられずに悩まされた私のささやかな経験を伝えよう。私は、当時、同僚と共に、毎年夏に親のいない利用者２人を連れて２泊３日で栃木県の知人宅に行くことが常だった。楽しい３日間だったが、３日目には施設に戻らなければならなかった。施設が近づくと、利用者の１人は最寄りの駅の階段の手すりから離れようとしなかった。施設に戻りたくないという意思表示をしていたのである。この利用者と長い間一緒に階段に座り、彼がお腹がすくのを待つしか手がなかった。本当に切ない思いをさせられた。

　私が勤めていた施設で、1990年代半ばに、講演をしてくださった方が次のように語っていた記録を目にした。

　「この施設は、棟内に色もなく、緑もない。自分の空間もない。ここは人間が住むにふさわしい所でしょうか。こうも寒々とした施設を、これまで見たことがありません。」

　私が退職してから10年も経っているのに、実態が一向に変わっていないことが分かった。また、同じ時期に、別の演者も次のように語っていた。

　「あのデイルームを見たとき、母親たちはどんなにつらく苦しいだろう。殺風景な部屋で、まるで動物園のように。」

　2000年には、地域移行がとても進んでいる法人で調査をする機会が

あった。2日間現場に入り、利用者実態を把握してから調査に入ることにしていた。そうすると、入所施設が非人間的な生活の場でしかないということがよく分かった。地域移行がどんなに進んでいても、入所施設に残されている利用者の生活実態が非人間的であったなら、意味がない。しかし、こうした実態を正直に報告書に記すと、どういうわけか筆者たちは施設への立ち入りを禁じられてしまうことがあった。何と情けなく、悲しいことだったろうか。これが、入所施設を巡る実態なのであった。

2010年には、別のとても地域移行が進んでいる社会福祉法人で調査をする機会が得られた。この法人は、小規模入所施設を核としながら小舎制（全個室・ユニット方式）を取り入れ、地域展開を盛んに行っている所だった。しかし、残念ながら、この小規模入所施設でも多くの利用者が管理された生活を強いられていた。

では、今日の障害者支援施設（入所施設）は、一体どうなっているのだろうか。この間、様々なメディアのニュースを通して伝えられているように、虐待とも言えるとんでもないことが起こっている。入所施設だけでなく、通所施設でも、「知的障害者に職員が暴行」という実態が報道されている。こうした酷い実態を知り、私たちは、こういう所に住みたいと思うだろうか、こういう所に通いたいと思うだろうか、こういう所で働きたいと思うだろうか、と自問自答してみる必要がある。

以上のことから分かるように、1960年代半ばのアメリカの実態ほど酷くはないが、似たような悲しい出来事が今日の日本でも起こっているということを知り、我が身に置き換えて考えていく必要がある。

なぜこのような酷いことが起こってしまうのかを考え、整理しておくことが必要であろう。ある社会学者の研究によると、私たちが他者にマイナスイメージをもつと、差別や偏見につながるような意識を無意識のうちにもってしまうという。しかも、他者に対するマイナスイメージや差別・偏見は、私たちの心の中に常に存在しているという。

はじめに　13

私に多くのことを教えてくれたスウェーデンの研究者であり障害当事者でもあるアドルフ・ラツカ氏は、彼の著作の中で次のように記している。

　「私たちは、常に、いつも、二流の市民であった。いつでもどこでも私たちは、他の市民と同じ選択肢を持たされずにきた。日常生活の自立性をどこにいても行使することができなかった。」

　私たちは、人から管理されない仕組みを意図的につくっていく必要がある。特に、差別されがちな障害当事者は。そのため、自分たちで介助者を雇い、介助者を自分で使いこなしていくようにしていくことが必要ではないかと思う。
　私たちの心の中にある差別意識や不平等性への認識に気づき、そのことを意識し合いながら入所施設を必要としない共生社会を目指していくことで、障害当事者の夢や希望が叶えられるような環境をつくっていく必要があるのではないだろうか。
　スウェーデンには、今、入所施設がない。入所施設をなくしていくために、多くの関係者が知恵を絞り、利用者一人ひとりが社会の構成員として社会的役割をもてるようにしていこうと整理をしてきた。地域で変化のある生活を送りながら、役割をもち、期待がもてるような状態をつくり上げていこうとしてきた。そして何よりも、社会的な関係がもて、本人意思を尊重する仕組みをつくり上げていくことこそが、入所施設の構造的な欠陥を正していくことにつながっていくのではないかと考えた。このような考え方を具体化するためには、入所施設を解体し、地域生活支援策を充実していくことが必要だと考え、法制度を整えてきた。
　小規模入所施設の小舎制（全個室・ユニット方式）にも多くの問題がある。全個室・ユニット方式にしても、入所施設の構造的な欠陥を正すこ

とはできないからである。グループホームも入所施設や入所施設のユニット形式よりはましだが、どんなに小さな集団でも、そこには管理・支配という施設的構造が存在している。本人意思や自由が制限されている。グループホーム利用者が手をつなぎ列をなして街中を散歩するということがそのよい例である。さらに、困ったことは、入所施設を解体し、地域生活支援策を充実させても、施設的な構造を温存したままで地域に出て行くと、地域生活が再施設化（ミニ施設化）してしまうという実態が見られるということである。

　神奈川県が当初示した「現在地での全面建替」や最終答申として示した「小規模分散化」は、なぜ駄目なのかが理解できたことと思う。

　私たちが目指すのは、脱施設化である。入所施設をその構造も含めて解体し、利用者一人ひとりに合った形で地域生活支援策をつくり上げていくことである。利用者一人ひとりの声（声なき声）を聴きながら。利用者一人ひとりの思いや願いを受け止めていくためには、一人ひとりの体験を豊かにし、豊かな体験を基にした思いや願いでなければならない。そのためには、地域居住化の試みをした後に、一人ひとりの意向を丁寧に確認する作業がどうしても必要になってくる。また、建替えに必要な経費を地域生活支援費にすべて回し、地域福祉そのものを充実させていく必要がある。

　神奈川県には福祉先進県にふさわしい地域移行、地域居住、地域生活支援に関する神奈川モデルを、ぜひつくっていただきたいと思っている。一人ひとりが希望する生活を実現し、生活主体者として尊敬され、人生の主人公として地域社会の中で暮らしていけるように。つまり、われわれの仲間として、地域で手を携えながら、一緒に暮らしていけるような施策を考えていく必要があるのである。

　私たちが求めるのは、親や職員、さらには、行政の視点ではなく、当事者視点の改革である。ともに生きる社会の実現という「かながわ憲

章」を障害当事者の視点から具体化することである。当事者一人ひとりが本当に生かされるようにしていくためには、当事者参画も欠かせない。当事者参画は、一人ひとりが暮らしやすい場で、暮らしたい場で、暮らしたい人と共に生きる、そんな取り組みを導いてくれるはずである。私たちは、当事者一人ひとりの声（声なき声）に耳を傾けながら、当事者に寄り添って、様々な施策を展開していく必要性があるのではないだろうか。

　2017年10月14日には、神奈川県から「（津久井）やまゆり園再生基本構想」が出された。この「やまゆり園再生基本構想」は、神奈川モデルとして今後わが国の障害福祉サービスのあり方にも大きな影響を与えていくものと思われる。しかし、本当に「やまゆり園再生基本構想」のような入所施設を基盤とした障害福祉サービスモデル（神奈川モデル）でよいのだろうか。神奈川モデルは、本当に世界の福祉先進国に自信をもって伝えることのできる障害福祉サービスと言えるのだろうか。「やまゆり園再生基本構想」は、本当に障害者殺傷事件を二度と繰り返さないようにするための妙案となり得るのだろうか。

　このような疑問をもちながら、相模原障害者支援施設殺傷事件がなぜ引き起こされたのかその要因を歴史的・社会的・構造的に明らかにし、障害者殺傷事件を二度と引き起こさないようにするためにはどうしたらよいのか、このような事件を二度と繰り返すことなく隣人を「排除せず」「差別せず」「共に生きる」ことのできる共生社会を目指すためにはどうしたらよいのか、を本書を通して検討してみたい。

　本書は、2017年度浦和大学特定研究助成を得て行われた研究の成果報告書でもある。そのため、本書の基になった研究は、浦和大学・浦和大学短期大学部研究倫理審査規程に基づく研究倫理審査委員会による倫

理審査の承認を得たうえで実施した。また、様々な方々・機関の協力を得て本研究が行われたが、本書出版に際しては、法人名・事業所名・対象者個人の氏名を出さず、それと分かるような記述もしない（既に公表されているものや本人の了解を得ているものは除く）などの倫理的配慮を行った。

　なお、「障害者殺傷事件発生の要因とメカニズム」の解明や「障害者殺傷事件を二度と起こさないようにするための方策」を検討し、隣人を「排除せず」「差別せず」「共に生きる」共生社会を目指すために、次の四つの課題を設定し、幅広い視点から諸課題を明らかにしようとした。

課題１：障害者殺傷事件の歴史的・社会的・構造的実態はどうなっているのか。
課題２：障害者殺傷事件は、なぜ、どのような要因やメカニズムによって引き起こされたのか。
課題３：障害者殺傷事件を二度と起こさないようにするために、神奈川県は障害者支援施設津久井やまゆり園の建替えを計画している。神奈川県津久井やまゆり園再生基本計画に対して厚生労働省をはじめとする行政関係者、障害者団体、家族会、一般市民、メディア等はどのような見解をもっているのか。
課題４：障害者殺傷事件を未然に防ぐためには今後どうしたらよいのか。そのための防止策をどのように構築していったらよいのか。

　これら四つの課題を分析・検討する中で導かれた諸論点は、「社会形成モデル」または「修正社会形成モデル」（いずれも四つのキーワード「平等」「差別」「包摂」「排除」を軸にしている）に当てはめて整理した。諸課題の検討及び検討結果を諸課題と関連づけて整理し、次のような本書の構成となった。

序章では、社会形成モデルの検討と社会形成モデルの現状を明示した。第1～4章（障害者殺傷事件を生み出す歴史的・社会的・構造的実態1～4）では、「障害者殺傷事件の歴史的・社会的・構造的実態はどうなっているのか」を解明するための章とした。

　第5章（障害者殺傷事件発生の要因とメカニズムを解明するために）では、「障害者殺傷事件は、なぜ、どのような要因やメカニズムによって引き起こされたのか」を解明するための章とした。

　第6～7章（障害者殺傷事件を二度と起こさないようにするための方策と評価1～2）では、「障害者殺傷事件を二度と起こさないようにするために、神奈川県は当初障害者支援施設津久井やまゆり園の建替えを計画した。神奈川県津久井やまゆり園再生基本計画当初案に対して、厚生労働省をはじめとする行政関係者、障害者団体、家族会、一般市民、メディア等はどのような見解をもっていたのか」を解明するための章とした。

　第8～9章（障害者殺傷事件を二度と起こさないようにするための社会的仕組みづくり／権利擁護体制づくり）では、「障害者殺傷事件を未然に防ぐためには今後どうしたらよいのか。そのための防止策をどのように構築していったらよいのか」を解明するための章とした。

　終章（隣人を「排除せず」「差別せず」「共に生きる」）では、本書で検証してきた内容をまとめ、構造的欠陥をもち共生を妨げる入所施設ではなく、地域で「共に生きる」共生社会を構想した。

　これまで筆者は、ノーマライゼーション理念の歴史的経緯や脱施設化と地域生活支援の研究を通して、ノーマライゼーション理念の実践現場での活かし方について検討してきた。ノーマライゼーションとは、人としての権利が擁護され、誰にとっても住みやすく生きやすい共生社会の実現を目指す社会福祉の指標ともなる考え方だが、障害者殺傷事件は

ノーマライゼーション理念が目指す共生社会実現への思いを根底から覆す行為に他ならない。なぜ障害者殺傷事件が引き起こされたのか、その背景要因を明らかにし、障害者殺傷事件を二度と繰り返さないようにするための方策を明示すること、その先にある隣人を「排除せず」「差別せず」「共に生きる」共生社会を描くことが、ノーマライゼーション理念の研究を行ってきた筆者の使命と考えている。

注
1）河東田博「相模原障害者支援施設殺傷事件『考』」（立教大学社会福祉研究所主催第 45 回社会福祉のフロンティア「相模原市津久井やまゆり園殺傷事件を振り返る」2017 年 7 月 15 日）。
　　第 45 回社会福祉のフロンティアの各演者の発言内容や質疑応答の様子は、2017 年度『立教社会福祉研究』第 37 号で把握することができる。

序　章

隣人を「排除せず」「差別せず」「共に生きる」社会づくりを構想するために

——社会形成モデルの検討と社会形成モデルの現状——

　長きにわたる障害者自身による社会を変革する取り組みとその前進により、障害者の歴史は「差別」から「平等」へ、「排除」から「包摂」へ、そして、私たちが目指す「共生社会」へ、と社会のあり方が確実に変化をしてきているように見える。

　「完全参加と平等」を掲げた国際障害者年（1981年）や「国連・障害者の10年」（1983～92年）の間に培われた障害者運動による社会を変革する取り組みの成果により、入所施設などを出て地域で自立生活を始める障害者が見られるようになり、誰もが地域で暮らし住み良い街にするための取り組みが徐々に展開され、地域生活支援策も用意されるようになってきた。2003年4月の支援費制度導入、2006年4月の障害者自立支援法の施行、障害者権利条約批准（2014年1月）に向けた国内法整備の一環としてなされた2011年8月の障害者基本法の一部を改正する法律の施行、2013年4月の障害者の日常生活及び社会生活を総合的に支援するための法律（障害者総合支援法）の施行、2013年4月の障害を理由とする差別の解消の推進に関する法律（障害者差別解消法）の制定（2016年4月施行）などもその延長線上にあると言っても過言ではないであろう。

　もちろん、解決しなければならない問題や課題も山積している。しか

し、障害者による社会を変革する取り組みの前進により、「いかなる少数派も尊重し、多様性こそを認め合いつつ共生しうる社会、他と異なる独自の価値観や生活様式をもつ少数派であることに互いに誇りをもっていきいきと生きることができる社会[注1]」に近づいたことだけは間違いない。

人はどこにいても、誰であれ、「個が大切にされ、一人ひとりの夢や希望を紡ぐ、創造性豊かな、地域で続けられている実践的でヒューマンな幸せづくり[2]」に参加する権利をもっている。この「幸せづくり」とは、社会的な関係や人と人との関係の中で育まれる営みであり、隣人を「排除せず」「差別せず」「共に生きる」共生社会を目指すものと言い換えることができる。その時形づくられる「モデル」を「社会形成モデル」と表現してみたい。このモデルは、「障害者殺傷事件発生の要因とメカニズム」を解明し、「障害者殺傷事件を二度と起こさないようにするための方策」や「隣人を『排除せず』『差別せず』『共に生きる』共生社会」を検討するうえで役立つと思われるからである。

次ページの図1のように、「平等」(integration／equality)、「差別」(segregation)、「包摂」(inclusion)、「排除」(exclusion) という四つのキーワードを用意し、「共生」という概念を「社会形成モデル[3]」に適用してみよう。その際、縦軸の上方向に「平等」、縦軸の下方向に「差別」を、横軸の右方向に「包摂」、横軸の左方向に「排除」を配置してみる。そうすると、縦軸・横軸に区切られた領域に四つの象限が生まれる。この四つの象限は、ある社会を形成しており、次のように整理することができる。

■第Ⅰ象限「排除社会」

第Ⅰ象限は、人間関係をないがしろにし、夢や希望を奪い、隔離・管理・支配・分類・収容中心の、共生とは程遠い、人を差別し、人間関係

を妨げ排除しようとする社会である。このような社会形成のあり方を、津田英二の「障害者差別解放過程の理論化のために」の中に見出すことができる。

「人と人との出会いは、他者の排除を必然する（中略）人と人との間に出会いがあれば、それだけ多くの排除も起こることになる。いま他者と排他的な関係を結んでいる者が、次の瞬間に排除される側にまわることも十分にありえる。（中略）社会構造は、ある特定の差異に対して特殊な意味を与え、あたかもそのように意味づけることが当然であるという印象を人々に与えるにすぎない。が、このような差異の意味付与によって、一定の排除が永続するという現象が生まれる[4]」

このような他者を排除する社会では、ある特定の人や集団に差異を見出し、差異を否定的に価値づけることによって、他者を差別の対象とし、否定的に価値づけられた他者を容易に排除してしまう。

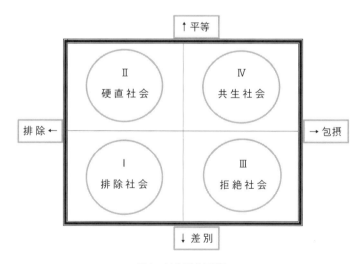

図1．社会形成モデル

■第Ⅱ象限「硬直社会」

　表面的には、個が大切にされ、夢や希望を紡ごうとする平等な世界とはなっているものの、互いに差異を見出し、互いに触れ合おうとせず、ぎくしゃくした関係が生じ、人間関係を難しくする硬直した社会が出来上ってしまう。このような社会形成のあり方を津田の「障害者差別解放過程の理論化のために」の中に見出すことができるが、津田は今村仁司の言説[5]を借りて次のように述べている。

　　「第三項[6]を下方にも上方にも排除することで、共同体と第三項との関係は硬直化する。と同時に、共同体にとって排除され不可触となった第三項は、共同体にとって都合のよいものに変形してイメージされる。第三項は、ある時には聖なる、またある時には汚く卑しくみじめな自己イメージを、共同体から押し付けられるわけである[7]」

　このような人間関係が硬直している社会では、異質な他者に否定的なレッテルを貼り、排除し、一方で他者を都合のよいものに仕立て上げ、都合のよい関係の中で一方的な関係を強いていくようになる。そのため、ますます人間関係が硬直した社会が出来上がってしまう。

■第Ⅲ象限「拒絶社会」

　共に生き、個を大切にし、夢や希望を紡ごうとするものの、互いに関係を拒絶し、異質な他者に否定的な価値を付与し、差別し、遠ざけ、他者との関係を拒絶しようとする。このような社会形成のあり方を、津田の「障害者差別解放過程の理論化のために」の中に見出すことができる。

　　「差別は、差別的な社会構造があってはじめて生起するものではな

序章　隣人を「排除せず」「差別せず」「共に生きる」社会づくりを構想するために　23

く、もっと卑近な『いま、ここ』の対人関係を端緒として始まるということである。差別は、まさに恣意的偶然的に特定の差異を発見し、その差異を固定的に把握し、それによって生き生きとした関係を拒絶するというところにこそ、本質がありそうなのだ。[8]」

このような人間関係を拒絶しようとする社会では、異質なものを直感的に他者から感じ取り、否定的に受け止め、忌み嫌い、拒絶し、他者への差別が強化されてしまうようになる。

■第Ⅳ象限「共生社会」

どんな人も平等に受け入れられ、個が大切にされ、夢や希望を紡ぎ、創造性豊かで、地域でのヒューマンな幸せづくりを保障し、共生的な人間関係を構築しようとする社会である。このような社会の中でつくられる人間関係のあり方を、津田の「障害者差別解放過程の理論化のために」の中に見出すことができる。

「より本質的なのは、障害者と健常者との間の出会いである。出会いの中で、障害という特殊性をその人のかけがえのない全体性の一部として認識できるような生き生きとした関係をいかにつくるか、焦点はここに当てられなければならないのだ。（中略）重層的な出会い[9]をいかにつくるかというところにこそ、その真価がある[10]」

このような共生的な関係を構築しようとする社会では、人と人とが出会い、その出会いが繰り返されて生き生きした関係が築かれていくようになる。そうした社会では、一人ひとりのその人らしさや価値観が尊重され、自発性が生まれ、知的探究心を満たすことができ、心地良さ・快適さ・喜び・安心感を感じることができ、個人的にも社会的にも満足感

を得ることができるようになる。

　第Ⅰ象限の「排除社会」から一足飛びに第Ⅳ象限の「共生社会」へと到達することはできないし、そのように社会を変革することもできない。まれにあるかもしれないが、それは、「排除社会」が消滅し、全く別の新たな「共生社会」が達成されたときだけである。第Ⅰ象限の「排除社会」から第Ⅱ象限の「硬直社会」へ、または、第Ⅲ象限の「拒絶社会」を経由して、徐々に第Ⅳ象限の「共生社会」へと成熟していくのが一般的な移行の仕方である。そして、恐らく、この四つの象限は、相互作用しながらラセン状に絡み合いつつ、少しずつ次の／別の象限に向かって歩んでいっているはずである。

　ところで、私たちが暮らすこの社会は、どの象限に位置しているのであろうか。「共生社会」に向かって着実に歩んでいるように思いたいが、時に目を覆いたくなるような出来事に遭遇することも、その当事者になってしまうこともある。他者を排除しないようにしたり、拒絶しないように意識はしているものの、人間関係がぎくしゃく（硬直）してしまうこともある。このようなことが繰り返され、人間関係そのものが複雑になってしまうこともある。この社会はこういう社会だとはっきり言い切れない混迷した社会でもある。

　つまり、私たちが生きている社会の現状は、「排除社会」から脱することもできず、「共生社会」が到来しているとも言い難い状況だと言える。このような社会の現状を図示すると、次ページの図2の「社会形成モデルの現状」のようになる。網掛け部分のように「排除社会」「硬直社会」「拒絶社会」「共生社会」が混在しながら存在し、混沌とした社会になっていることが分かる。

序章　隣人を「排除せず」「差別せず」「共に生きる」社会づくりを構想するために　25

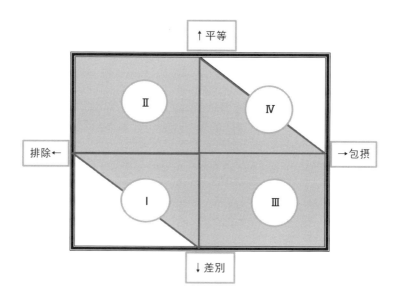

図2. 社会形成モデルの現状

　相模原障害者支援施設津久井やまゆり園で起こった大量殺傷事件や事件を引き起こした植松聖容疑者が発するメッセージ（コミュニケーションができない重度の知的障害者は生きている価値がない、不幸しか生まない、等々の発言、46名もの入所者を次々に殺傷した行為、他）は、「排除社会」「硬直社会」「拒絶社会」「共生社会」が混在する混沌とした社会の中で生み出された酷い事件だったと整理することができる。

　「社会形成モデル」の「共生社会」への認識が多くの人に共有されるようになれば、「排除社会」から脱し、「硬直社会」「拒絶社会」からも少しずつ解放されていくに違いない。しかし、そのためには、障害者殺傷事件（相模原障害者支援施設津久井やまゆり園大量殺傷事件のような稀にみる大きな事件からいじめやいたずらを通して執拗に繰り返されるものまでを含む）を生む障害者差別の諸側面を多角的な視点から見ていく必要がある。

注

1）北野誠一「障害者の自立生活と自立生活支援」定藤丈弘・佐藤久夫・北野誠一編『現代の障害者福祉』有斐閣、1996年。

2）河東田博「『創造的福祉文化』概念の構築を目指して」（第1章第1節）河東田博（編集代表）『福祉文化とは何か』明石書店、2010年、16頁。

3）同上書17-22頁を援用。「社会形成モデル」は、同書で展開した「創造的福祉文化概念」を本報告書用に修正の上モデル化した。

4）津田英二「障害者差別解放過程の理論化のために」『生涯学習・社会教育学研究』No.20, 1996年、32頁。

5）今村仁司『排除の構造』青土社、1985年。

6）第三項とは、同上書今村が主張する「第三項排除」のことで、「二人の人間が交通しあうためには、必ず第三者を排除しなくてはならない」ということを意味している（津田 前掲書、6頁）。

7）同上書、6頁。

8）同上書、5頁。

9）「重層的な出会い」とは、下記文献（平林正夫の実践）から引用したもので、津田は「出会いの重層化」と呼んでいる。

　　平林正夫「『たまり場』考」長浜功編『現代社会教育の課題と展望』明石書店、1986年、112-163頁。

10）津田 前掲書、7 - 8頁。

第1章

障害者殺傷事件を生み出す
歴史的・社会的・構造的実態 1

──障害者運動史を通して見る社会的排除・
差別・権利侵害の実態──

第1節　人間性の否定的値踏みと社会的排除・差別

　障害者殺傷事件を生み出す障害者の排除・差別・権利侵害の歴史は、障害のある人たちを「逸脱者」として見てきた歴史的・社会的実態と重なる。障害者の社会的排除・差別・隔離の歴史とも重なる。障害者の社会的排除・差別・隔離の象徴としての場が精神病院や入所施設であり、そうした場に障害のある人たちが送り込まれることによって彼らは私たちの目に触れることがなくなった。そして、意識する／しないに関わらず、社会的排除・差別は強化されていった。社会的排除・差別を形づくる構造は至るところに見受けられる。障害のある人たちに対する社会的排除・差別は、彼らの人間性を否定するところから生まれてきたが、精神病院や入所施設を作り出してから彼らへの人間性の否定は顕著となっていったことがいくつもの文献から見出すことができる。

　ヴォルフ・ヴォルフェンスベルガーは、人間性を否定された障害のある人たちが社会からどのような仕打ちを受けてきたかを次のように語っている。

「歴史や文献を概観すると、時や場所に関係なく、逸脱した人たちには一定の役割が特別に与えられた場合が多い。それが時、距離、文化を超越しているのには驚かされる。……大部分は、現実とはほとんど関係のない、はっきりした偏見の反映であり、多くはそれを裏づける証拠をもたない。[注1]」

ヴォルフェンスベルガーは、さらに、人間性を否定された障害のある人たちが、歴史的にも社会的にも、「絶滅」させられるか「隔離」されてきたとして次のように述べている。

「ある種の逸脱は、悪魔とか悪霊の仕業とみられた。そのために、逸脱した人は邪悪とみられ、社会を防衛するために迫害されたり、絶滅させられた。……絶滅よりは少し人間的な処遇として、不快、不浄、恐怖を感じさせるとみられる逸脱者が、社会の主流から隔離されて周辺に置かれるのがある。……ホームそのものは人口中心地の郊外、遠隔な地にしばしば設置され……はるか離れた郊外の施設に収容されるのが普通である。[2]」

社会の主流から隔離された人たちがどのような悲惨な状況に置かれていたのかは次の節で見ていくことにするが、このような社会的対応が障害のある人たちを精神病院や入所施設に追いやり、彼らに対する社会的排除や差別をより強化していったことは想像に難くない。

第2節　社会的排除・差別の象徴としての入所施設の誕生と入所施設での悲惨な実態

19世紀から20世紀にかけ、多くの国々で、入所施設や教育の場が急

増した。近代的な科学的アプローチが開発され、障害のある人たちの治療・教育に関する研究が盛んになされるようになった。様々な教育方法や援助技術が提案されるなど活気を呈した時代があった。入所施設設立当時の目的は、治療・教育の可能性を拠り所にした障害のある人たちの発達と障害の軽減を図ろうとするものであった。しかし、予期したほどには治療や教育効果があがらなかったことや施設設備の条件が整わなかったこと、地域社会での受け入れも不十分だったため、社会的保護という名の下にこれらの施設は大規模隔離収容施設へと変容することになってしまった。

　これらの収容施設は一般社会から遠く離れた僻地に建てられており、次第に数を増し、施設の規模も大きくなっていった。大抵どの施設も障害のある人たちを大勢入所させ、非人間的で人間としての諸権利を保障するものでは到底なかった。その結果、どの国においても隔離収容施設の非人間的な処遇を問題視するようになっていった。

　この傾向は国によっては 1970 年代まで続く。特に知的障害者入所施設や重度重複障害者（重症者）の入所施設は悲惨で、日本においても同様であった。筆者たちが 1970 年代半ばに関西地区の高名な重症者施設を訪問したとき、驚くべき光景を目にしたことがある。その驚くべき光景とは、大勢の利用者が 1 カ所に集められ無為の時間を過ごしていたということであった。そこには下半身裸でうろうろしている人もいれば、何もすることがなくて長い時間をただ横になっているだけの利用者もいた。数人の職員はただ見守っているだけで、為すすべもなく監視しているだけであった。そこは、まるで日本版『煉獄のクリスマス』[3]のような所であった。

　ある公立病院の病棟（併設入所部門）では、1990 年代になっても状況は全く変わっていなかった。それは、次のような光景が（恐らく日常的に）見られていたからであった。

「それは夕食時。利用者に出された夕食は、誰も彼もが軟食。きざ
みの副食。混ぜ合わせると丼にすべてがスッポリおさまってしまう。
おいしそうであるはずがない。食は文化というが、そこには文化の
欠けらもなかった。スプーンで食べている人もいれば、つい手摑み
になってしまう人もいた。皆無表情。そこに看護助手がやってきた。
手摑みの男の子を見つけて、スプーンを持ち、彼を見下ろしたまま、
黙々介助を始めた。看護助手は次から次へと食べ物をスプーンで彼の
口の中へ放り込んでいく。みるみるうちに口が膨らみ、今にも食べた
物を吐き出しそうになる。看護助手はタオルを取りにその場を離れた。
彼は当然のごとく、口一杯に押し込められた食べ物をすべて吐き出し
てしまった。戻ってきた看護助手は、無言で吐き出した食べ物をまた
口の中に放り込んだ。タオルで口を押さえ、上を向かせて水を飲ませ、
流し込んだ。食事は数分で終わってしまった。

　別の同病院別病棟の動く重度児・者棟の入口には、鍵がかかってい
た。中に入ると、利用者の何人かが抑制帯を腕や身体に巻かれ、柱や
手摺りにつながれていた。鍵のかかった狭い部屋で過ごしている利用
者も何人かいた。私は、なぜこのような入居者に対する人権侵害の
数々を公的な機関が平気で行っているのか、が信じられなかった。[4]」

　このように、身近な私たちが知らないところで、社会的排除が行われ、
虐待や人権侵害が日常的に行われ、人手不足という理由から、見て見ぬ
ふりをしているのが実態なのである。また、次のような実態が、特に入
所施設で、1980年代から1990年代にかけて散見され、大きな社会問題
になっていったことがある。

　「夜、尿をもらしたとき朝まで裸にされて、放置された。理由がな

いのに『御前なんか死んじまえ』と言われた。トイレで緊張したとき、緊張するなと足で体を蹴飛ばされた。居住者のいない部屋に入り、電話やテレビを勝手に使う。トイレを数多くすると、文句を言われる。……[5]」

　こうした社会的排除・差別・人権侵害は、すべての障害のある人たちに対して歴史的・社会的に、しかも、構造的に生み出されてきた。今なお、「患者に暴力、わいせつ行為　精神科病院の看護スタッフ」（2018年3月26日付『神戸新聞』）、「檻で障害者の40代息子を20年監禁容疑で70代の父親逮捕へ　兵庫・三田」（2018年4月7日付『神戸新聞』）というニュースを目にする。歴史的・社会的・構造的になされてきた社会的排除・差別・人権侵害に対して障害当事者はどのように感じ、どのような運動を展開してきたのであろうか。

第3節　障害者による社会を変革する取り組み

　障害者による社会を変革する取り組みは20世紀に入ってからで、国内外を問わず視覚障害者の運動が最も早く始められ、次いで聴覚障害者、肢体不自由者の順で運動が展開されていく[6]。また、療養所内のハンセン病患者の権利要求運動は、戦時中一時途絶えたものの1920年代以降粘り強く行われてきた。しかし、1953年に制定・施行された新らい予防法によって、より一層社会的に排除され、強制隔離を強いられ、1990年代半ばまで変わることなく人間としての諸権利を奪われて続けてきたのである。さらに知的障害者の運動はかなり遅れ、日本で知的障害者自身の手によって運動が展開されるようになったのはノーマライゼーション理念が浸透し定着するようになった1990年代以降のことである。
　日本で障害者による社会を変革する取り組みと呼ぶことのできるも

のが社会的関心をもつようになったのは、1970年代以降のことである。それまでは障害当事者による取り組みではなく、親や医療・福祉・教育に携わる関係者等の擁護団体を中心とした取り組みだった。

　しかし、1970年代に入ると障害者自身による生活と生命をかけた体を張った取り組みが展開され、社会全体に大きな衝撃を与えるようになっていった。この体を張った取り組みは一方で批判も受けたが、その後の障害者による社会を変革する取り組みに大きな影響を与えていったことは間違いない。

　障害者自身の体を張った取り組みのきっかけとなったのは、1970年5月に横浜で起こった母親による障害児殺しに対する神奈川青い芝の会の告発であった。当時この障害児殺しの事件に対し、福祉施策の貧弱ゆえに起こった事件として地域住民から減刑嘆願署名が裁判所に多数寄せられたが、神奈川青い芝の会は、このような動きは障害者抹殺につながる考え方であり、罪は罪として厳正に裁くべきだと告発をした。彼らの主張は裁判結果に影響を与えることはなかったが、社会に与えたインパクトは相当なものだった。

　1970年代前半には、利用者（障害当事者）無視の施設移転に反対し3年余にわたって抗議行動がなされた府中療育センターでの取り組みがあった。

　また、1976から1977年にかけて、安全上の理由から公共交通機関への車イス利用者の乗車を拒否するという事態が起こり、各地で抗議行動が展開された。1977年4月に起こった神奈川県川崎市における青い芝の会による一斉バス乗車運動は抗議行動の一環として行われたが、運転手が乗客を降ろし運転を拒否したために、川崎駅前が車イスの利用者を乗せたまま動かないバスで埋まってしまうという事態が起こった。

　障害当事者が求める結果はなかなか得られなかったものの、一連の抗議行動や取り組みが結果として障害者団体の組織化を進めさせ、今日も

第1章　障害者殺傷事件を生み出す歴史的・社会的・構造的実態 1　33

なお続く障害者差別からの解放を目指す取り組みや交通アクセスを求める取り組み、まちづくり運動、自立生活運動の先駆けともなっていった。

　1970 年代後半に行われた障害関係者を二分する養護学校義務制に関する取り組みも忘れてはならない。障害の有無に関わらずすべての子どもに学校教育を保障しようとする取り組みだったが、障害児の発達の保障を求めて養護学校義務制の完全実施を求める障害者団体（全国障害者問題研究会）と障害で分けることは差別であり、障害のある子もない子も地域（校区）の普通学校で共に学ぶべきとする障害者団体（全国障害者解放運動連絡会議や青い芝の会）との間で、1979 年の養護学校義務制を巡って、教育・保育・療育・医療関係者も巻き込む激しい対立が続いた。この対立は、学校教育だけでなく、その後の生活の場や労働のあり方などを巡っても根深い意見の相違が見られていた。2007 年度から、障害の種類・程度で一律に就学先を分ける特殊教育から、個々のニーズに応じた特別支援教育へと変更されているが、障害児の学校教育を巡る両者の意見の相違は今なお存在している。

　1970 年代に激しく行われた障害者による社会を変革する取り組みは、1980 年代以降の国際的な障害者運動の連帯と呼応することにより大きな変化が見られるようになってきた。1981 年「完全参加と平等」をテーマとした国際障害者年が設けられ、1982 年には「障害者行動計画」が策定され、「国連・障害者の 10 年」（1983 〜 92 年）も設けられるようになるなど、各国の障害者福祉の大幅な前進を勝ち取る礎となっていったからである。

　障害者による社会を変革する取り組みの国際的な広がりは、1981 年、障害者の生活と権利を獲得するための国際障害者運動団体「障害者インターナショナル」（Disabled People's International=DPI）を誕生させることになった。1986 年には DPI 日本会議も誕生し、障害者による社会を変革する取り組みの輪はさらに広がっていった。これは、障害者団体間に

対立から協調へという動きが見られてきたことの兆しと捉えることができる。

　この背景には、障害の捉え方の変化〔障害を個人の心身の機能の欠損として捉える「医学モデル」から「社会モデル」として個人と社会（環境）との関係の中で整理されるようになってきたこと〕やノーマライゼーション、インクルージョンといった、誰をも「排除せず」「差別せず」「共に生きる」理念が80年代、90年代に日本に紹介され、地域で誰もが当たり前に暮らし、手を携えて共に生きていくことが必要なのだという認識が定着してきたからなのであろう。「国連・障害者の10年」の取り組みの中で着実に具体化の模索がなされてきたこととも関連しているのであろう。中でも障害当事者の選択と自己決定に基づく「自立生活運動」と知的障害者自身による権利擁護運動である「ピープルファースト運動」は、障害者による社会を変革する取り組みの礎となっていった。

注
1）W. ヴォルフェンスベルガー著、中園康夫・清水貞夫編訳『ノーマリゼーション』学苑社、1982年、32頁。
2）同上、45頁。
3）B. Blatt and F. Kaplan, 1966. *Christmas in Purgatory: A Photographic Essay On Mental Retardation.* Allyn and Bacon Inc.
4）1996年10月12日に同朋大学で開催された日本社会福祉学会第44回全国大会シンポジウム「共生をめざす福祉」で、シンポジストとしてこの問題を提起した。同大会発表論集に要旨が掲載されている。また、全国各地の講演会などでもこの事実を紹介。当時の厚生省障害福祉専門官にも善処方要請した。筆者が理事を務めていた社会福祉法人の開所記念誌にも「地域生活支援への期待」（1998年4月）として実態を紹介した。この法人の開所式翌日、この病棟責任者より法人理事長に対して、執筆者である筆者の文章に対して、「人手不足でやむを得ない」という釈明と「動物園」という表現に対する文書での謝罪をとの申し入れがあったが、表現内容は事実であり、人権侵害の改善を実施するこ

第1章　障害者殺傷事件を生み出す歴史的・社会的・構造的実態1　35

とこそが先決であると文書での謝罪を拒否したいきさつがある。

　その後、某大新聞社の記者と夜間（20:00頃）この病棟を訪れたことがある。動く重度児病棟2カ所で半数以上の人たちが抑制をされ、ベッドにくくりつけられている実態を見ることになった。人手不足のためのやむを得ない措置とのことだったが、訪れた2人とも絶句だった。その後、病棟見聞録が某大新聞に掲載されることはなかった。さらに、その後、病院統廃合の方針が出された。病院統廃合によりこの病棟の処遇内容も悪化するとの理由で、署名運動が展開されていた。署名の呼びかけ内容には、何ら人権侵害の実態について触れられていなかった。現在この病院は、アートで満たされた子どもとおとなの医療センターとして脚光を浴びている。

5）1992年秋に（故）副島洋明弁護士によって作成された資料より。（故）副島弁護士は、障害者人権弁護団を結成し、数々の障害者差別・虐待事件や人権侵害の問題に対処してきた。彼の尽力により、障害者の人権に関わる弁護士が増えてきた。

6）杉本章『障害者はどう生きてきたか』Nプランニング、2001年、22頁。

第2章

障害者殺傷事件を生み出す
歴史的・社会的・構造的実態 2

―社会的排除・差別・権利侵害されてきた人たちの歩みを通して―

第1節　人としての権利を侵害されている人たち

　日本国憲法前文で自由と平和を希求し、「平和のうちに生存する権利を有すること」を高らかに謳っている。その下に、様々な人権（人が生まれながらにもっている権利）擁護に関する条項が設けられている。主要な人権条項を下記に記す。

第11条　国民は、すべての基本的人権の享有を妨げられない。この憲法が国民に保障する基本的人権は、侵すことのできない永久の権利として、現在及び将来の国民に与へられる。

第13条　すべて国民は、個人として尊重される。生命、自由及び幸福追求に対する国民の権利については、公共の福祉に反しない限り、立法その他の国政の上で、最大の尊重を必要とする。

第14条　すべて国民は、法の下に平等であつて、人種、信条、性別、社会的身分又は門地により、政治的、経済的又は社会的関係において、差別されない。

第25条　すべて国民は、健康で文化的な最低限度の生活を営む権利を有する。

2 国は、すべての生活部面について、社会福祉、社会保障及び公衆衛生の向上及び増進に努めなければならない。

しかし、憲法に保障されるはずの人権が保障されず、むしろ侵害されている事例が数多く散見される。人権侵害事例は、弱い立場の人に対する優越感や差別意識によって引き起こされていることが多いように見受けられる。その結果、私たちも結果として権利侵害に加担しているのではないかと、ヴォルフェンスベルガーが次のように指摘している。

「私たちはすべて『万人は平等である』と信じている。それでいながらたいへんな差別をしている。だが、そうだとは認めにくいということで実感しない。対人処遇サービスでは、私たちはサービスを提供しているといいながら、平気で非人間的なことを行っている。それでいながら、それを否定する。[注1]」

ヴォルフェンスベルガーの指摘は、私たちの心に巣食う差別意識を見事に言い当てている。私たちの心の中を見透かす指摘（世の中の実態でもある）だが、彼の指摘を甘んじて受けながら、本章では、社会的排除や差別に遭い、様々な権利侵害を受けてきた人たちに登場していただき、この人たちがどのように社会的に排除され、差別されてきたのかを検討していくことにしよう。[2]

第2節　改めてハンセン病回復者の社会的排除・差別・権利侵害を考える

長い間社会的に排除され差別されるなど、非人間的な扱いを受けてきた人たちが大勢いる。それは、洋の東西を問わず永く続いた強権・圧政

の封建時代・軍国主義時代に生きた人たちであり、第二次世界大戦後にあってもなお「一貫して社会から隔離された状況[3]」の中で暮らさざるを得なかった「死んでも故郷に帰れないで[4]」各療養所の納骨堂に眠っている大勢のハンセン病回復者たちである。

ハンセン病回復者たちは、1907年に制定された「癩予防ニ関スル件」（1931年、癩予防法に改定）、1953年の新らい予防法の制定を経て、1996年に同法が廃止されるまで、実に90年近くにもわたって「強制検診、強制入所、秩序維持、外出制限など[5]」社会的に排除され、差別され、人権を無視される状態が続けられてきた。

ハンセン病回復者の次のような語りからは、筆舌に尽くしがたい社会的排除・差別の実態が分かる。聴いていても苦しくなる話題がたくさんある。

　「その息子は、そのおやじさん（ハンセン病者）に死んでくれ、死んでくれと頼みに来ていた。お父さんが生きていると、おれたちは村に住めない。妹も結婚できない。だからお父さん死んでくれと頼みに来ていたのです。……そういうふうに三カ月ほど通われたら、とうとう根負けしたのか、そのおやじさんは青酸カリを飲んで死んでしまいました。[6]」

　「群馬県の草津には重監房というのがあるのですね。そこは入ったら最後、死ななきゃ出てこれない。政治犯だとか社会的にそんなに大きい犯罪ではないのですけれども、ちょっとした、外で罪を犯した人が、その特別監房、重監房というとこに連れて行かれました。……人間扱いはされなかったということです。……療養所の中でもひどいですよね。……職員がいばって、患者はもう虫けらのように扱われて。……ハンセン病という病いにかかったがゆえに、療養所の中へ、手錠

第2章　障害者殺傷事件を生み出す歴史的・社会的・構造的実態2　39

をかけたり、色んなかたちで連れてきて、そこで二度と外へ行かない、親が死んだって出さない、そういう生活を強いてきた。[7]」

　「患者が療養所の中で結婚をすると、パイプカットといって手術をするわけですよね、だけども、家族も全部やれと……その家族まで全部優生法の適用を受けさせて、パイプカットをしてしまえと、子どもをつくらないようにしろと」「もちろん結婚は、療養所の中で……若[8]いのが大勢いたからね、逃走を防止するために結婚は許可すると、そのかわり優生法の適用をします、といって全部パイプカットするわけですよね。」「ある園では、もう完全な赤子になっているのを看護婦さ[9]んが出して、その人が今うち（全生園）にいます。朝鮮の人で私たちの同胞ですけれどもね、まだ7か月くらいだったそうです。看護婦さんがもってきて、この子だよと、泣いてるから隣の部屋へ連れて行ったら、しばらくしたら泣かなくなったと、だから看護婦さんが殺したのでしょう。そういうことを平気でやった時代なのですよね。それは標本になってますよね。[10]」

　何の罪もないのにハンセン病回復者たちは、差別の対象として社会的に排除され、人間性を否定され、奈落の底に突き落とされ、長い間地獄のような苦しさに耐えさせられてきた。また、第二次世界大戦中に軍需産業などに強制的に徴用され戦後自国に戻ることができずに日本に残らざるを得なかった在日中国・朝鮮（韓国）のハンセン病回復者たちに至っては、二重の差別を受け、さらなる苦しみを強いられてきた。ハンセン病回復者たちの語りによって、過酷な状況がごく最近まで続いていたことがよく分かる。

第3節　逸脱者とレッテルを貼られた障害当事者への社会的
排除・差別・権利侵害

　逸脱者とレッテルを貼られた障害当事者は、長い間社会的排除・差別の対象とされ、「一定の役割が特別に与えられ[11]」、「社会の主流から隔離されて周辺に置かれ[12]」てきた。

　　「私たちはインディアンを保護地区に、黒人をゲットーに隔離している。老人は特別に養護ホームに集められていて、その表むきの理由は、老人たちのことを考えてということになっているが、ホームそのものは人口中心地の郊外、遠隔な地にしばしば設置されている。情緒障害者や精神遅滞者は、はるか離れた郊外の施設に収容されるのが普通である。そして、人間としての終局的な逸脱のもたらす不快をさけるために、病院には"死の病棟"もあったし、現在もある[13]。」

　逸脱者とレッテルを貼られた障害当事者は、このように、歴史的・社会的に、公然と排除され、差別されてきた。ベンクト・ニィリエは、その証左を、1960年代のアメリカの障害者支援施設（入所施設）の実態から、次のように示している。

　　「いわゆる良いと言われている収容棟・家屋・居住区画でさえ大きすぎ、明らかに鮨詰め状態で、職員不足なのである。寝室は、たいてい30〜40人定員として設計されており、二つの寝室に分かれて寝るとしても、居住者は一つのデイルームを一緒に利用しなければならない。真新しい施設であっても、寝室が壁一枚で28人ずつの二つの区画に分けられているというのを見たことがある。しばしば、児童対象なのか、成人対象なのか、最重度対象なのか、軽度対象なのか、と

第2章　障害者殺傷事件を生み出す歴史的・社会的・構造的実態 2　41

いったことにかかわりなく、あらゆる建物が同じ構造から成っているのである。

　こうした状態は、個人間の交流さえほとんど不可能な最低限度の社会的生活を想定したものである。そこには、プライバシーは全く存在せず、個人的な事柄は全くなし得ない。そのような収容棟は、ただ人間性の無視と非個人的な生活状態を提供するにとどまる。こうした収容棟に住む人は、名前も番号も持たずに、個性を喪失するような状態にいると思われる。彼らは、数を数えられない。しかし、もっと乏しいのは、ものの数に入れられることがないということなのである[14]。」

　日本の入所施設の実態は、どうであっただろう。昨今の入所施設は個室が保障されるなど、その有り様は大きく変わってきている。しかし、大きく変わったはずの21世紀になってもなお、本質的には変わらない実態が見受けられる。

　「利用者の居室は、ほとんどが2～4人の雑居部屋である。『個室』と呼べる部屋は1つきりで、扉のガラスにはレースのカーテンがついており、鍵がかけられている。中をそっと覗くと、テレビやラジカセ、本棚、漫画、ソファーなどが持ち込まれており、それなりの雰囲気を持った部屋になっている。

　しかしそのほかの雑居部屋の入り口は開け放たれ、簡素なベッドやソファー（ベッド）が置かれている。パーテーション代わりにたんすを置いて、何とか個人のスペースを作ろうとしている様子がうかがえるが、部屋内に装飾品もなく、無機質で貧相な住環境である。利用者の持ち物らしきものは、数人を除いてほとんどない。衣類は別室に集められており、その部屋には鍵がかけられている。

　トイレ内は、扉のない個室、カーテンの個室、目隠しにならない上

下から覗ける扉のついた個室がある。トイレットペーパーは見当たらない。利用状況を見ていると、誰も手を洗わないし、スタッフに手洗いを促されてもいない。唯一聞いたスタッフの声かけは、『〜さん、ズボンは中に入ってから下ろしてください！』だった。[15]」

　入所施設のようにごく限られた閉鎖的な空間で暮らさざるを得ない人たちは、今なお、生きづらさを抱えて生きている。私たちはこのような歴史的・社会的な実態を決して忘れてはならないし、このような社会をつくってきたのは紛れもなく私たちだったということも忘れてはならない。

第4節　社会から排除され再び社会に戻ってきた人たちへの差別・権利侵害

1　再び社会に戻ってきたハンセン病回復者たち

　1996年にらい予防法が廃止され、ハンセン病療養所から解放されて地域で暮らすことができるようになったハンセン病回復者たちに再登場していただこう。地域での通院治療も当たり前になった。その時のハンセン病回復者たちの思いや動き、しかし、社会の片隅でひっそり生きざるを得ない様子を描写した講演録がある。

　「昭和30年代に入ると、お医者さんが診察をして、もうこの患者は菌がない、再発の恐れがないという人には正式に軽快退院ということを認めるようになりました。そうしたら出ました、出ました。全国の療養所で今までに、軽快退院、それから自己退院、無断退院、いろんな形で療養所から飛び出した人が3,500人以上いるだろうといわれています。それでこの東京の周りには、1,500人以上の人が社会生活を

しているといわれています。結核の人は、平気で『私は、昔、結核を病んだけど治りました』と言えます。ところがハンセン病の人は言えないんですよ。うっかり自分が全生園から来たとか、元ハンセン病だったとか言おうものなら、すぐに会社は首になるし、住んでいるうちまで出てくれと言われます。そのためどこが病気かわからないような健常者と全然変わりない人でも、みんな小さくなって生活をしていたのです。[16]」

家族の対応も従前と変わらなかったことが、次の記録からもうかがえる。

「予防法がなくなって確かにハンセン病療養所は変わってきました。今まで40年も50年も音信不通だった家族が、ぽつぽつと訪ねてくるようになりました。子どもがまた孫を連れたりして、だけどそういう人は、実際には3分の1もいないのです。家族があっても、やっぱり40年も50年もこういう音信不通な状態が続いたので、もう縁が切れているような人が多い。実はまた、縁があっても、うちの自治会のHさんはお母さんが92歳まで元気で、毎年園のほうへ面会に来て1週間も2週間も泊まって喜んで帰った。そのお母さんが亡くなった途端に兄弟から一斉に『兄さんは帰ってくるんじゃないよ、葬式も来なくていいよ、絶対来るなよ』と電話がかかってきて、帰れない。あちこちへ彼は講演に行ったりテレビに出たりして、みんな知られているのに家族から絶対に来るなよと言われる。またMさんという人も、やはり『徹子の部屋』に出たり新聞に出たりしたら、兄さんや姉さんから一斉に電話がかかってきて、『おまえは何で自分でハンセン病ということをばらしたんだ』と。『おまえとはもう絶交だ、絶対にうちへ来るな』と。『もう兄さん、そんな時代じゃないんだよ、ハンセン病は

普通の感染症に過ぎないんだよ、もう心配いらないんだよ』と言って
も、『駄目だ、駄目だ、おまえは絶対に帰ってくるな』とうとう今ま
で行っていたうちが今度は帰れなくなっちゃた、逆に。そういう人も
います。[17]」

大きく時代が変わっても、今なお受け入れられていない社会があると
語るハンセン病回復者がいる。

　「外国にも何度も行き、日本中に行きました。それでもただ1カ所
だけ、行けないところがあります。ふるさとです[18]」

社会から排除され、差別され、権利を侵害されて生きてきたハンセン
病回復者、またはその関係者が、社会を変え、ふるさとを変えるための
取り組みを静かに着々と進めている。「甥」と表現することができる若
者たちの「ふるさとへの虹の架け橋に僕たちがなる[19]」という決意と、当
事者たちの「講演を重ね、偏見を持たない人を増やす[20]」取り組みもその
一つである。

2　再び社会に戻ってきた障害当事者たち

障害のある人たちに対する施策は、1980年代まで入所施設を中心と
した施設設置推進政策が取られてきた。1990年の老人福祉法等福祉関
係8法の改正によって、在宅福祉との一元化が図られるようになり、社
会から排除され、差別されてきた障害当事者たちが再び社会に戻り、地
域生活（人生）を取り戻そうとしている。しかし、彼らは、社会に、そ
して、私たちに消えることのない恨みを抱き続けている。そのことを象
徴するように、障害のある人たちは次のように語る。

「小さい頃、本当は親と一緒に暮らしたかったのに、入所施設に入れられた。」

「何も悪いことをした覚えがないのに、入所施設にいくことが決まっていた。」

「管理だらけの生活は、刑務所みたいだった。ずっと社会に出てみたかったけど、職員に『自分では何もできないでしょ』『自分でできるようになってから』と反対されつづけた[21]。」

入所施設で暮らしながらも、社会に出て暮らすことを夢見、その思いを持ち続け、ついに実現した障害当事者たちは次のように語る。

「社会に出てみたかった。」

「自分で決めて、自分でやりたかった。」

「地域の人と関係をもてるようにしたほうがいい。」

「地域でのびのびしたらいいんじゃないですか。」

「地域に出よう。」

「ぼくたちもがんばります[22]。」

ハンセン病回復者と同様、社会的に排除され、差別されて生きてきた障害当事者たちは、それでもなお、彼らを排除し差別してきた社会に再び戻り、社会に同化して懸命に生きようとしている。同時に、一人ひとり違っていていいと考え、自分の人生を精一杯一人のかけがえのない人間として生きていこうとする障害当事者たちもいる。

第5節　日本で生活する外国人への社会的排除・差別・権利侵害

日本で生活するアジア・アフリカ系の人たちに対する社会的排除や差

別が顕著に見られる。新聞を広げると、次のような記事が目に飛び込んでくる。

「アフリカ系カナダ人の絵本作家で、福岡県筑後市に住む語学教師のジョエル・アソグバさん（36）は、日本で暮らして10年以上になる。……日本人との妻との間に3人の子どもがいる。3人は日本国籍なのに、肌が少し浅黒いため『外人』と差別されたという。

最高裁で先月、東京都が在日韓国人2世の保健師の管理職昇進試験の受験を拒否したことが合憲と判断された。韓流ブームに沸く一方、在日韓国人との共生を問いかけた裁判の判決に無関心に見える日本社会に改めてショックを受けた。[23]」

「この1月、トルコからクルド人難民の父子が、東京入国管理局の手で本国へ強制送還された。国連が独自のガイドラインに基づき認定する『マンデイト難民』にもかかわらずなされたこの対応には、国連やアムネスティ・インターナショナルなどから批判がよせられている。[24]」

「パキスタン生まれで障害がある日本国籍の男性(60)が、仙台市営バスに乗車を拒否されたとして同市に165万円の損害賠償を求めた訴訟の判決が30日、仙台地裁であった。

畑中芳子裁判官は『運転手には人種や身体障害であることを理由にした差別的な扱いがあった』と述べ、同市に慰謝料など55万円の支払いを命じた。

判決によると、03年10月、男性がバスを待っていたところ、バスは停留所を約22メートル過ぎたところで停車。男性は脳梗塞の影響で左半身に障害があるため、停留所に荷物を置いて足を引きずりなが

らバスに駆け寄った。『荷物をとってくるので待っていてください』と運転手に頼んだが、バスは男性を置き去りにして出発した。[25]」

　これまで紹介してきたのは 10 年以上も前の出来事だが、目を覆いたくなるほどの「社会的排除・差別の洪水」が日本社会に溢れていたことがわかる。10 年以上経った現在はどうであろうか。日本で長年暮らす外国人に対しても、日本国籍をもたないが故に不当に排除し、差別している実態を、金は次のように指摘する。

　「日本の敗戦後、日本国内においては植民地支配の清算も不十分なまま、単一民族意識や同化主義が温存され、さらに国籍による差別も加わった。ようやく難民条約への加入により、1982 年に社会保障関係法の国籍条項はなくなったものの、依然として在日朝鮮人高齢者や『障害』者には年金を受給できない制度的無年金者が多数存在する。本来、権利については、国籍にかかわらずすべての人々が平等に保障されるべきものであり、合理的な理由がある場合にのみ慎重に制限されるべきものだと考えるが、日本では、外国籍であることを根拠に権利の剥奪が合理化されてしまう傾向にある。[26]」

　金は、さらに、文化の違いを理由に何らかのマイナスのレッテルを貼り、日本の福祉からも見放されてきた実態を次のように指摘する。

　「日本の社会福祉サービスは、日本人のためのサービスしか提供していないといえよう。在日朝鮮人の歴史、文化に由来する状況を無視してきたために、在日朝鮮人、特に朝鮮での生活経験を持つ高齢者は、日本の福祉から置き去りにされてきた。
　　例えば、老人福祉施設の行事等を考えると、食事は『日本』食、娯

楽は生け花、民謡教室、行事はひなまつり、リハビリは折り紙といった具合に、無意識のうちに『利用者は日本人』というのが大前提になったメニューが提供されている。これでは、全く異なる文化や風俗をもつ在日朝鮮人高齢者が施設に入所しても楽しくないのは当然であろう。その上、日本人入所者の朝鮮人への差別的な言動があると、さらに居心地の悪いものになる。[27]」

2000年のある日のこと、日本国籍をもたない大学教員が、ある国立大学（現・国立行政法人）の新設学部の教員として採用されることが内定していた。しかし、日本国籍を有していないというただそれだけの（本人の能力とは関係のない）理由で、内定が取り消されてしまったことがあった。この大学教員は、日本社会の「社会的排除・差別の洪水」に飲み込まれた犠牲者の一人だったのかもしれない。

第6節　障害のある人たちが今なお直面する社会的排除・差別・権利侵害

障害者施設における人間関係、特に職員と利用者との関係には、職員が何気なくもっている利用者への「差別」に通ずる「上下関係」が見られる。かつて次のような記事が紹介されたことがある。このような「差別的関係」は今なお解決困難な問題として私たちの身の回りに、そして、私たち自身（心の中）にもある。

「私が経験した入所施設では、利用者が話をすると職員が怒り、職員の言うことを聞かないと食堂から追い出すというものだった。」「昼の一時すぎから『入浴指導』という形で利用者をどんどん狭い風呂に入れていく。指導というのに、職員が利用者の体を洗うだけであり、

少しずつでも自分ですることで入浴が可能な人がいても、職員が『この人には無理だ』というかってな決めつけにより体を洗うものであった。……職員に『夜勤のときにこのお風呂に入るのですか?』と尋ねると、『入るわけないで。こんなんに入りよったら反対によけいに帰ってきれいに洗わなあかんわ』という答えが返ってきた。[28]」

この出来事が紹介された数年前には、新聞に次のような記事が掲載されていた。

「女性障害者の正常な子宮を、生理の介助が大変という理由で摘出している実態が 11 日明らかになった。そこには障害者を人として認めない優生思想、施設の管理主義の発想があり、人権への配慮がない、との批判がある。[29]」

日本では優生保護法（優生上の見地から不良な子孫の出生を防止するとともに、母性の生命健康を保護することを目的とした法律。1948 年公布、1996 年に優生条項を削除し母体保護法に改正）の下で、「精神病、精神薄弱、遺伝性精神病質、遺伝性疾患、遺伝性奇形を有する人」に対する強制不妊手術を、また、「らい疾患にかかった人」に対して本人同意による（しかし半強制的に）不妊手術が行われてきた。強制の方法として「身体の拘束」「麻酔薬使用」さらに「欺罔」（だますこと）という手段を使って構わないと当時の厚生省の各都道府県知事あて通知にあるように、はなはだしい人権侵害の強制力をもって国策として強制不妊手術を行っていた。
　問題はこうした不妊手術にとどまらず、優生保護法すら認めていない子宮や卵巣の摘出、子宮へのコバルト照射によって障害女性の生理を止めるということすら行われており、[30]「不良な子孫」と規定された人たちへの差別・排除・人権侵害は国や地方行政の優生政策が下支えして深化

していったと言える。

福祉先進国スウェーデンでも、かつて、国がかりで（法律に基づいて）強制不妊手術を行っていたことを報じた報道があった。

「スウェーデンの歴代政権が、より優秀なスウェーデン人をつくりだすためとして、1935年から76年にかけて、ひそかに六万人の男女に強制的な不妊手術を行っていたことが明らかになり、国民に衝撃を与えている。……こうした手術の根拠となった断種法は『劣った人』や『多産の独身女性』『異常者』『ジプシー』などを社会から一掃する目的で、不妊手術を受けさせるべきかどうかの決定権を医師または裁判所に与えていた。[31]」

この記事で言及されている「劣った人」や「異常者」「ジプシー」とは、障害のある人や外国人をはじめとする所謂マイノリティと言われている人たちのことを指している。これはマイノリティの人たちへの差別であり、差別が排除や抹殺につながることを意味している。こうした人たちは、異口同音に「私たちは人間です。虫ではありません[32]」と主張している。

当事者の同意を得ることなく当事者以外の人たちの意向や判断によって子宮摘出や強制不妊手術がなされていた問題は、人権侵害問題を通り越して犯罪行為ですらある。強烈な社会的排除の現れと言っても過言ではない。

残念なことに、こうした問題を障害者に対する社会的排除・差別・人権侵害と認識していない人たちは今日でも少なくない。障害者排除・差別・人権侵害どころか、「優生保護法は今も必要。自分で育てられないのだから不妊手術は当然」、あるいは、「こういう人が生まれないように

第2章　障害者殺傷事件を生み出す歴史的・社会的・構造的実態 2　51

今は出生前診断でチェックできるから良かった」という、相模原事件と通底する優生思想が平然と語られているからである。

　旧優生保護法下で強制的に不妊手術を受けさせられた宮城県の飯塚淳子さん（仮名）が、1997 年から被害を訴え、優生手術に対する謝罪を求める会が厚生省、宮城県と交渉してきた経緯がある。しかし、「当時は合法だった」とその訴えは門前払いされてきた。21 年間訴え続け、今ようやく社会的に認知されようとしてきている。[33] 飯塚さんが日本弁護士連合会（日弁連）に人権救済を申し立て、日弁連が「旧優生保護法下での強制不妊手術に対する補償」の意見書を出したことが報道されたことで、第二、第三の被害者が声を挙げ、宮城、北海道、東京で、被害者が謝罪と損害賠償を求めて提訴し、この動きが全国に広がろうとしている。[34] 超党派の国会議員連盟が発足し、[35] 各県・市議会でも超党派で決議などを通して支援の輪を広げようとしている。このような動きを受けて、政府は、被害の全国的な実態調査をする方針を固めてきている。[36]

　こうした社会問題を解決していくために、金は、例えば在日朝鮮人が国からの補助金なしに独自に行っている様々な自助的福祉サービスの取り組みを「既存の社会福祉制度や施設、サービスに生かすことによって、『日本人』のサービスを『すべての人』のサービス（国民福祉から多民族・多文化共生福祉）に転換できるのではないだろうか」[37] と提案している。この提案を拡大解釈するとあらゆる場・あらゆるものの決定に当事者（外国人、女性、子ども、高齢者、障害者等）が参加・参画していくことの必要性に通ずる。そのためには、「さまざまな政策決定のプロセスや行政職員、民生委員への[38]」あらゆる当事者（外国人、女性、子ども、高齢者、障害者等）の「登用と、日本人も含めた人材育成[39]」が必要となる。このような多元主義的な取り組みが実現されれば、今暮らしている社会への同化だけでなく、そこで一人の人間として輝きながら生きていくことのできる異化的な新しい社会が生まれてくるに違いない。

第7節　女性・子ども・若者・高齢者への社会的排除・差別・権利侵害

「あらゆる当事者の参画」こそが必要だと上述したが、これは、日本で暮らす外国人や女性、子ども、高齢者、障害者が、日本社会に生きにくさを感じており、社会的排除や差別の影響を強く受けているということである。つまり、当事者の意見がほとんど反映されずに社会政策が進められ、個人の問題として放置されていることを意味している。

国連開発計画（UNDP: United Nations Development Programme）が 2017 年 3 月 21 日に公表した『人間開発報告書 2016』(*Human Development Report 2016*)[40] によると、日本は、人間開発指数（HDI：Human Development Index、基本的な人間の能力がどこまで伸びたかを測るもので、基礎となる「長寿を全うできる健康的な生活」「知識」「人並みの生活水準」の三つの側面の達成度の複合指数）で第 17 位（188 カ国中）、また、世界経済フォーラム（World Economic Forum）が 2017 年 11 月 2 日に公表した「The Globar Gender Gap Report 2017」[41] によると、ジェンダー開発指数（GGI：Gender Gap Index、女性と男性の格差に注目したもの）で第 114 位（144 カ国中）であった。この結果を見て分かることは、人間開発指数がそれほど低くないのにもかかわらず（医療の充実、最長寿国、高教育水準などによるものと思われる）、ジェンダー・ギャップが極端に大きく、男女不平等の国とも言える結果となっている。

結婚や子育てによって女性の社会進出が阻まれ、男性と比べて相対的に経済的に貧しい女性たち、家庭内暴力に怯える女性や子どもたち、ニート・引きこもりの若者たち、人間らしい生活を奪う高齢者施設や障害者施設が何と多いことか。素晴らしい取り組みがたくさんあることを承知しつつも、なぜこんなにも目を覆うような状況が生まれてくるのだ

第 2 章　障害者殺傷事件を生み出す歴史的・社会的・構造的実態 2　53

ろうか。

貧困問題は、ここ十数年来の大問題である。貧困は、女性・男性を問わず、あらゆる人に大きな影響を与える。10年前に遡って貧困の問題をどう捉えていたのかを見てみよう。

2009年11月、新聞各紙は一斉に、厚生労働大臣が日本の相対的貧困率を初めて発表したと報じた。

　「日本の相対的貧困率は、07年調査ですでに15.7％だったと長妻昭厚労相が発表した。……『国民総中流』は遠い昔の話となり、いくらまじめに働いても普通の暮らしさえできない。これが、貧困率15.7％の風景である。日本社会は、中流がやせ細り貧困層が膨らむ『ひょうたん形』に変わりつつある。……自殺、孤独死、児童虐待、少子化などの問題にも貧困が影を落としている。さらに深刻なのは、貧困が若年層を直撃していることだ。[42]」

貧困を放置すれば「差別」や「社会的排除」につながる。このことを湯澤は、次のように実態を報告し、日本政府の無策ぶり、日本の政治的貧困を指摘する。

　「日本の母子世帯は常に8割を超える世帯が就労し、国際比較でみても突出した就労率である。しかし、男女の賃金格差が一向に縮小しない中、その平均収入は両親のいる世帯の3割程度にしか及ばず、経済協力開発機構（OECD）加盟国のひとり親世帯の比較では日本はトップの貧困率となった。

　就労が貧困を緩和しないばかりか所得配分後に貧困率が上がる日本の現状は、まさに子どもの貧困が政策的に放置されてきた事実を指し示している。このことは、低所得世帯や父子世帯の支援策の欠如にも

端的に表れている。加えて、教育費の私費負担の高さが家計を直撃し、過重労働により保護者が病気になり離職する場合も少なくない。しかし、そこに待ち受けているのは、福祉からの非就労世帯の排除である。……当事者の努力はすでに十分に尽くされているのに、更に制度的に要請される『自助努力』。貧困化と家族の解体はまさに表裏一体のものとして進行しているのである。[43]」

2016 年には、日本財団子どもの貧困対策チームが調査結果[44]を公表し、子どもの貧困を放置すると、将来的な社会的損失は 40 兆円超に達する、という指摘を行っている。

母子世帯への支援と女性の社会参加、出生率の向上、子育て支援策は、相互に連動しており、その国の成熟度を測る指標でもある。しかし、日本では、次のように、子どもの命に関わる問題や児童虐待に関する報道が後を絶たない。

「3 万人を超す子どもが健康保険証のない『無保険』状態に陥っていることが昨年 (2008 年)、表面化した。教育現場からは『給食が唯一の栄養源となっている子がいる』との声もあがり、早急な対策が求められている。

児童虐待は年々増えており、08 年度に児童相談所が対応したのは 4 万 2662 件（速報値）。なかでもネグレクトや言葉の暴力、無視など心理的虐待の増加が目立つ。

こうした背景として、経済的な理由や社会的な孤立などで『育てたいのに育てられない』という親がいる。その結果、貧困や孤立が子に引き継がれるおそれが指摘されている。[45]」

本来、女性の働く環境を整え、家庭・家族を維持できるように子育て

支援がなされていれば、「子供のために仕事を辞めることも、仕事のために子供を産まないこと[46]」もない。

母子家庭・父子家庭の貧困、子どもの貧困をはじめとする様々な問題は、社会問題であると同時に、政治問題でもあることを認識しておく必要がある。そして、「みんなが堂々と生きられる社会にするのが大事[47]」であり、「ストライクゾーンをもっと広げ……ボールと判定される人が減り、多くの人が生きやすい社会」にしていくことが必要になる[48]。

高齢者に対する虐待、特に介護施設などで起こっている高齢者虐待も、深刻な社会問題となっている。2018年3月10日付の新聞に次のような記事が掲載されていた。

　「介護施設などで働く介護職員による高齢者への虐待は2016年度に452件あり、前年度より44件（10・8％）増えた。調査を始めた06年度から10年連続の増加で、過去最多を更新した。うち25・9％は過去に虐待や苦情などで行政指導を受けていた施設や事業所で発生していた。厚生労働省が9日に発表した。（中略）増加の背景には、サービス利用者が増えていることに加え、虐待への関心が高まって通報や相談件数が（中略）増えたことがある。」[49]

若者の自殺も、ニート・引きこもり、不登校、高校・大学の中退や仕事の放棄も、ホームレスの問題も、高齢者虐待の問題も、生きにくい社会と関係がある。高齢者・障害者・老々介護からくる介護疲れや孤立感、経済的な苦しさも、人生への絶望や生きにくさをもたらす。こうした社会状況がもし競争社会や社会的不信感がもたらした結果であるとしたなら、こうした人たちへの社会的排除・差別・権利侵害は社会問題であると同時に、政治問題とも言える。

注

1) W. ヴォルフェンスベルガー著、中園康夫・清水貞夫編訳『ノーマリゼーション』学苑社、1982年、25頁。

2) 以下、第2節以降第7節までは、下記文献の筆者担当箇所を加筆・修正し、「障害者殺傷事件を生み出す歴史的・社会的・構造的実態2」とした。河東田博編著『福祉文化とは何か』明石書店、2010年、23-43頁。

3) 杉本章『増補改訂版　障害者はどう生きてきたか——戦前・戦後障害者運動史』現代書館、2008年、55頁。

4) 平沢保治『人生に絶望はない——ハンセン病100年のたたかい』かもがわ出版、1997年、162頁。

5) 杉本、前掲書、55頁。

6) 佐川修「いのちの歴史を語り継ぐ——ハンセン病とその人生」立教大学アミューズメント・リサーチセンター（RARC）福祉プロジェクト2005年度研究報告書『ノーマライゼーション社会構築に向けた地域保健福祉アミューズメント資料のアーカイブ化及びコンテンツに関する研究』2006年、82頁。

7) 金子保志「わが人生を語る」立教大学アミューズメント・リサーチセンター（RARC）福祉プロジェクト2006年度研究報告書『ノーマライゼーション社会構築に向けた地域保健福祉アミューズメント資料のアーカイブ化及びコンテンツに関する研究』2007年、101-102頁。

8) 同上書、104頁。

9) 同上書、106頁。

10) 同上書、107頁。

11) ヴォルフェンスベルガー、前掲書、32頁。

12) 同上書、45頁。

13) 同上。

14) B. ニィリエ著、河東田博他訳編『ノーマライゼーションの原理——普遍化と社会変革を求めて』（新訂版）現代書館、2004年、37頁。

15) 厚生労働科学研究費補助金（障害保健福祉総合研究事業）平成17年度総括研究報告書『障害者本人支援の在り方と地域生活支援システムに関する研究』（主任研究者　河東田博）63-64頁。

16) 金子、前掲書、84頁。

17) 同上書、90頁。

18) 「ハンセン病とともに——多摩全生園から」2006年5月12日付『朝日新聞』。

19）同上。

20）同上。

21）ピープルファースト東久留米『知的障害者が入所施設ではなく地域で暮らすための本——当事者と支援者のためのマニュアル』生活書院、2007 年、83－84 頁。

22）同上書、1 頁。

23）「国籍差別『なぜ無関心』」2005 年 2 月 8 日付『朝日新聞』。

24）渋谷望「日本人こそ『難民』だ」2005 年 3 月 31 日付『朝日新聞』。

25）「人種で乗車拒否」2006 年 12 月 1 日付『朝日新聞』。

26）金永子「多民族・多文化共生福祉の創造」『日本社会福祉学会第 54 回全国大会報告要旨集』26-27 頁、2006 年 10 月 7 日（於：立教大学）、26 頁。

27）同上書、26-27 頁。

28）嘉悦登「あなたはここで暮らせますか？」『手をつなぐ』No.509.　12－13 頁、全日本手をつなぐ育成会、1998 年、12 頁。

29）「障害者子宮摘出の教授語る『後ろめたさない』」1993 年 6 月 12 日付『毎日新聞』。

30）佐々木千津子「補償はいらない、ただ謝ってほしい」優生手術に対する謝罪を求める会編『【増補新装版】優生保護法が犯した罪——子どもをもつことを奪われた人々の証言』現代書館、2018 年（旧版は 2003 年刊）、および同書所収の施設職員の証言（35-39 頁）参照。

31）「スウェーデン、6 万人に強制不妊手術？」1997 年 8 月 26 日付『読売新聞』。

32）渋谷、前掲書、2005 年。

33）飯塚淳子「私の身体を返してほしい——優生保護法が犯してきた罪」優生手術に対する謝罪を求める会、前掲書。

34）旧優生保護法と強制不妊手術問題：謝罪と損害賠償を求めて裁判所に提訴した動きは、次のような記事が参考になる。

　　「「結婚近し、要不妊手術」　申請書「22 歳女性　精神病　家族にも」　都立病院元医師、差別の実態証言」2018 年 1 月 28 日付『毎日新聞』。

　　「旧優生保護法：強制不妊手術、国を提訴　宮城の女性『尊厳侵害、違憲』」2018 年 1 月 30 日付『毎日新聞』。

　　「強制不妊、実態把握を　北海道、きょう厚労省に要請」2018 年 2 月 27 日付『毎日新聞』。

　　「不妊手術強制「人生返して」　70 代男性、国を提訴へ」2018 年 3 月 26 日付『朝日新聞』、他。

35）旧優生保護法と強制不妊手術問題：超党派の国会議員連盟の発足動きは、次のような記事が参考になる。

　「強制不妊、議連発足　超党派 20 人、議員立法視野」2018 年 3 月 6 日 付他、『毎日新聞』。

36）旧優生保護法と強制不妊手術問題：政府による被害の全国的な実態調査をする方針に関する時期は、次のような記事が参考になる。

　「被害の実態、全国調査へ　政府転換、救済推進」2018 年 3 月 15 日付他『産経新聞』。

37）金、前掲書、27 頁。

38）同上。

39）同上。

40）United Nations Development Programme, 2017, *Annual Report* 2016. Office of Communications and Partnerships Bureau, United Nations Development Programme: New York.

41）World Economic Forum, 2017, The Global Gender Gap Report 2017. Geneva Switzerland.

42）2009 年 11 月 4 日付『朝日新聞』「社説」。

43）湯澤直美「子の貧困　政治で根絶を」2009 年 9 月 16 日付『朝日新聞』。

44）日本財団子どもの貧困対策チーム『徹底調査 子供の貧困が日本を滅ぼす 社会的損失 40 兆円の衝撃』文春新書、2016 年。

45）「公貧社会－支え合いを求めて」2009 年 8 月 7 日付『朝日新聞』。

46）同上。

47）「フロントランナー　湯浅誠：堂々と生きられる社会つくる」2009 年 6 月 27 日付『朝日新聞』be。

48）同上。

49）松川希実「介護施設職員の高齢者虐待、過去最多　10 年連続増加」2018 年 3 月 10 日付『朝日新聞』。

第3章

障害者殺傷事件を生み出す
歴史的・社会的・構造的実態 3
——津久井やまゆり園殺傷事件の軌跡と事件の検証・検討チーム 報告書の検討を通して——

第1節　相模原障害者支援施設津久井やまゆり園殺傷事件の軌跡

　相模原障害者支援施設津久井やまゆり園で大量殺傷事件を起こした植松聖容疑者は、衆議院議長に宛てた手紙で次のように記している[注1]。関連部分を抜粋してみよう。

　「私は障害者総勢470名を抹殺することができます。

　常軌を逸する発言であることは重々理解しております。しかし、保護者の疲れきった表情、施設で働いている職員の生気の欠けた瞳、日本国と世界の為と思い（後略）。

　障害者は人間としてではなく、動物として生活を過しております。車イスに一生縛られている気の毒な利用者も多く存在し、保護者が絶縁状態にあることも珍しくありません。

　私の目標は重複障害者の方が家庭内での生活、及び社会的活動が極めて困難な場合、保護者の同意を得て安楽死できる世界です。

　重複障害者に対する命のあり方は未だに答えが見つかっていない所だと考えました。障害者は不幸を作ることしかできません。（中略）

戦争で未来ある人間が殺されるのはとても悲しく、多くの憎しみを生みますが、障害者を殺すことは不幸を最大まで抑えることができます。

今こそ革命を行い、全人類の為に必要不可欠である辛い決断をする時だと考えます。（後略）

植松聖の実態 （略）

作戦内容

職員の少ない夜勤に決行致します。

重複障害者が多く在籍している2つの園（津久井やまゆり、●●●●）を標的とします。

見守り職員は結束バンドで身動き、外部との連絡をとれなくします。職員は絶対に傷つけず、速やかに作戦を実行します。2つの園260名を抹殺した後は自首します。（後略）」

植松容疑者が主張していたのは、入所施設では、「障害者」が「動物として生活をしている」（多くは）「車イスに一生縛られている気の毒な利用者」であり、「障害者（特に重複障害者）は不幸を作ることしかできない」存在だということだった。したがって、「障害者を殺すことにより不幸を最大限まで抑えることができ」、「重複障害者の方が家庭内での生活、及び社会的活動が極めて困難な場合、保護者の同意を得て安楽死できる世界」をつくることが必要だ、という趣旨のことを表明していた。

衆議院議長に宛てた手紙から判読できることは、入所施設で暮らしている利用者の非人間的な生活の実態だけでなく、入所施設利用者を通してもつに至った偏見に満ちた否定的な障害者観であり、「障害者は不幸」と決めつけ、障害のある人を「殺し」「安楽死」させることを正当化し

ようとしたということである。

　果たしてこの事件は、特異な人格の持ち主である植松容疑者の「障害者への一方的かつ身勝手な偏見や差別意識が背景となって、引き起こされたもの[2]」とだけ断じてよいのだろうか。社会構成員の一人である私たち一人ひとりに「障害者への一方的かつ身勝手な偏見や差別意識」はないのだろうか。植松容疑者がなぜこのような偏見に満ちた否定的な障害者観をもつに至ったのかの検討や、私たち一人ひとりに加害者のような偏見に満ちた否定的な障害者観は本当にないのかといった自らへの問いかけや内省なども行っていく必要があるように思う。

　一方で、植松容疑者の精神鑑定の結果も待たずに、植松容疑者の心身の状況・薬物依存等と事件との因果関係が不明な状況下で厚生労働省内に設けられた「相模原市の障害者支援施設における事件の検証及び再発防止策検討チーム」の設置の仕方への疑義、また、2016 年 12 月 8 日に同検討チームから提示された報告書（「再発防止策の提言」）の内容にも疑義[3]が出されていた。さらには、「相模原市の障害者支援施設における事件の検証及び再発防止策検討チーム」報告書提出後の 2017 年 2 月 28 日には「精神保健及び精神障害者福祉に関する法律の一部を改正する法律案」（以下　精神保健福祉法改正案）を閣議決定し、第 193 回通常国会で審議（2017 年 5 月 17 日参議院本会議で修正の上可決、2017 年 6 月 16 日衆議院本会議で継続審議、2018 年 3 月 9 日法案見送り）されたものの、この精神保健福祉法改正案には多くの疑問[4]が出されていた。

　なお、植松容疑者は 5 カ月間の鑑定留置の末、2017 年 2 月 20 日、「自己愛性パーソナリティー障害」（精神疾患の一つだが、考え方が偏っている状態を指す[5]）と診断された。この精神鑑定結果を受け横浜地検は、事件を仄めかす手紙を衆議院議長に出し、事件に使われたハンマーや結束バンドを購入するなど計画性の高い犯行であり、善悪の判断ができる状態だったため刑事責任能力には問題がない（刑法第 39 条：心神喪失及び心神

耗弱「1．心神喪失者の行為は、罰しない。2．心神耗弱者の行為は、その刑を軽減する。」の適用外）として殺人罪などで起訴した。[6]

　次節では、相模原障害者支援施設津久井やまゆり園大量殺傷事件の軌跡の中で浮上した「相模原市の障害者支援施設における事件の検証及び再発防止策検討チーム」報告書や「精神保健及び精神障害者福祉に関する法律の一部を改正する法律案」がどのような問題や課題をもっているのかを見ていくことにする。

第２節 「相模原市の障害者支援施設における事件の検証及び再発防止策検討チーム」報告書に見る問題と課題

　厚生労働省は、2016 年 8 月 10 日に、相模原市の障害者支援施設における大量殺傷事件を受け、「相模原市の障害者支援施設における事件の検証及び再発防止策検討チーム」（以下「検証・検討チーム」）を設置した。検討チーム立ち上げの 2016 年 8 月 10 日に第 1 回の会議を開催し、以降 8 回にわたる検証・検討チームの会議（以下「検討会議」。第 4 回検討会議後、9 月 14 日に「中間とりまとめ〜事件の検証を中心として」を公表。第 7 回検討会議では関係団体[7]からのヒアリングを実施）を行い、2016 年 12 月 8 日に「報告書〜再発防止策の提言〜」[8]を提出した。

　検証・検討チーム報告書の「Ⅱ」に、「再発防止策の検討に当たって重視した 3 つの視点」として次のように示されている。

1　共生社会の推進
　〜差別意識のない社会と、障害者の地域での共生〜
2　退院後の医療等の継続的な支援を通じた、地域における孤立の防止
　〜容疑者が措置入院の解除後、通院を中断したことを踏まえた退院後の医療等の支援の強化〜

3　社会福祉施設等における職場環境の整備

　～容疑者が施設の元職員であったことを踏まえた対応～

　検証・検討チーム報告書の構成に偏りがないかどうかを見てみると、「Ⅱ　再発防止策の検討に当たって重視した３つの視点」の「1　共生社会の推進」で４項目（26行分）、「2　退院後の医療等の継続的な支援を通じた、地域における孤立の防止」で３項目（11行分）、「3　社会福祉施設等における職場環境の整備」で３項目（13行分）と、「1　共生社会の推進」にやや多くの分量が割かれており、「2　退院後の医療等の継続的な支援を通じた、地域における孤立の防止」も「3　社会福祉施設等における職場環境の整備」も約半数の分量で項目数では大差ない。以上のことから、各視点とも、それほど大きな偏りは見られていないことが分かる。

　検証・検討チーム報告書「Ⅲ」についても構成に偏りがないかどうかを見てみる。「Ⅲ」には、「再発防止のための具体的な提言」として以下の５点が取りまとめられている。各提言がどの位の分量を割いて書かれているかを見てみると、どの提言に力点を置いて内容が記されているかが分かる。各提言の見出し横に括弧書きの頁数及び割合で示したものが、各提言の内容量である。

第1　共生社会の推進に向けた取組（1頁分：約8.2％）

第2　退院後の医療等の継続支援の実施のために必要な対応（6頁分：約49.2％）

第3　措置入院中の診療内容の充実（2頁分：約16.4％）

第4　関係機関等の協力の推進（2頁分：約16.4％）

第5　社会福祉施設等における対応（1.2頁分：9.8％）

以上のことから、検証・検討チーム報告書は、「第1　共生社会の推進に向けた取組」よりも、「第2　退院後の医療等の継続支援の実施のために必要な対応」や「第3 措置入院中の診療内容の充実」といった、精神医療（65.6％）に焦点があてられていたことが分かる。また、「第4 関係機関等の協力の推進」が警察との協力（連携）（16.4％）に焦点があてられ、「第5 社会福祉施設等における対応」もその多くが社会福祉施設のあり方ではなく社会福祉施設の防犯体制（9.8％）に焦点があてられていた。検証・検討チーム報告書は事件を未然に防ぐために精神医療及び精神医療と警察との協力（連携）が不可欠だという内容となっていた。検証・検討チームの設置目的そのものが「相模原市の障害者支援施設における事件の検証及び再発防止策検討」にあったことを考えると、先に結論ありきと言えるものだったのかもしれない。

　一方、「共生社会の推進」については、「Ⅱ 再発防止策の検討に当たって重視した視点」（基本的な考え方）の中で次の4点を示している。

①全ての人々が、お互いの人格と個性を尊重し合いながら共生できる社会の実現に向けた取組を進めていくことが不可欠。
②共生社会の構築を目指す姿勢を明確に示すことが必要。また、学校教育の段階からあらゆる場において、人権や共生社会に係る教育を進めることや、障害者の地域移行や地域生活の支援を進めていくことが必要。
③社会福祉施設等が利用者を守ろうとするあまり、厳重な防犯設備で地域との交流を遮断してはならない。
④地域で生活する精神障害者の方々に偏見や差別の目が向けられることは断じてあってはならない。地域社会での生活を支えるための精神保健医療福祉等の支援体制の底上げや、関係機関等の協力、理解が不可欠。

第3章　障害者殺傷事件を生み出す歴史的・社会的・構造的実態 3　65

また、「Ⅲ 再発防止のための具体的な提言」の「第1　共生社会の推進に向けた取組」でも、〈事件の検証を通じて明らかになった課題〉を2点〔「あらゆる人が共生できる包摂的（インクルーシブ）な社会をつくることや、地域で生活する精神障害者の方々に、偏見や差別の目が向けられないようにする必要がある」。「共生社会の実現を求める姿勢を明確に伝えていくこと、他」〕示し、〈再発防止策の方向性〉を3点〔「障害者差別解消法の理念等を周知・啓発していくこと」。「あらゆる場における『心のバリアフリー』の取組を充実させるべき」。「共生社会の考え方が障害福祉計画に反映されるようにするなど、同法（障害者総合支援法）に基づく障害者の地域移行や地域生活の支援をこれまで以上に進めていくべき」〕示している。しかし、いずれも「再発防止のための具体的な」提言とはなっておらず、一般的で具体性に欠ける内容でしかなかった。
　「Ⅲ 再発防止のための具体的な提言」の「第5　社会福祉施設等における対応」でも、「重視した視点」（基本的な考え方）の中で次の3点を示している。

①共生社会を推進しようとする考え方を脅かす恐ろしい事態であり、再発防止を図らなければならない。
②いきいきと障害者と交流しながら、やりがいや誇りを持ってサービスに従事できる職場環境づくり（例えば、職場内コミュニケーションの円滑化、こころの健康管理面の強化）が重要である。
③同法（障害者差別解消法）の理念や共生社会推進の考え方等、職員の人権意識を高める教育、研修を行うことが必要である。

　さらに、「再発防止のための具体的な提言」の「社会福祉施設等における対応」では、〈事件の検証を通じて明らかになった課題〉を3点

（「国や地方自治体からは、社会福祉施設等における防犯に係る安全確保の対策を示してこなかった」。「社会福祉施設等の防犯に係る取組を進めていくために、国が、具体的な点検項目を示す必要がある」。「職員が、障害者等に対する差別意識を持つことなく、利用者に寄り添いながら働くことができるよう、施設職員の人材育成、職場環境の確保を図っていく」）示し、〈必要な再発防止策〉を4点（「地域と一体となった開かれた社会福祉施設等となることと安全確保との両立を図る」。「地域に開かれた施設である」というこれまでの方針と、「安全確保がなされた施設であることの両立を図っていくこと」。「それぞれの状況に応じた防犯に係る安全確保策を講じていくこと」。「利用する方が安心して生活できるように、権利擁護の視点を含めた職員への研修を更に推進すること」）示している。しかし、いずれも「必要な再発防止策」への提言とはなっておらず、一般的で具体性に欠ける内容でしかなかった。

　検証・検討チームの設置目的そのものが「相模原市の障害者支援施設における事件の検証及び再発防止策検討」にあったと先に記したが、検証・検討チーム報告書の「Ⅲ　再発防止のための具体的な提言」の「第2　退院後の医療等の継続支援の実施のために必要な対応」や「第3措置入院中の診療内容の充実」、「第4関係機関等の協力の推進」、「第5社会福祉施設等における対応」は、全て設置目的に沿った再発防止策＝防犯対策に関する内容となっていたことが分かる。

　このような検証・検討チーム報告書の内容に対して、関係団体は次のような厳しい指摘を行っていた。

　「最終報告では、容疑者に対する措置入院の解除、退院後の監視が不十分であったかのようなかたちで課題が整理され、再発防止の方策として、すべての措置入院者に対して退院後の計画を都道府県が作成することが掲げられています。また、（中略）容疑者の大麻使用・入

院歴が精神保健上の問題があったことと因果的であるかのように目されていますが、現時点では犯罪行為が疾病によるものかは不明とされています。もし、鑑定留置の結果、犯罪行為が疾病と無関係なのであれば、精神医療では再発防止できないことになり、なんのための退院後のフォローアップかもわからなくなります。（中略）退院後のフォローアップは、再入院の防止、地域移行・地域定着を目的としたものというより、事件の再発防止を掲げている点で社会防衛を目的としたものです。このような目的は、精神障害者を他害に向かわないために地域において監視する方向に秩序化されるのではないかと深刻に憂慮しています。（後略）」（全国「精神病」者集団）[9]

「（前略）この報告書によって、措置入院制度の運用の詳細な定めが、殺傷事件の再発防止にとって有効であると結論づけられたことが明白となりました。（中略）しかし、事件の発生と被疑者の措置入院歴の因果関係さえ不明な時点で、事件の再発防止と関連づけて措置入院制度の運用にのみ具体的な提案が詳細になされていることは、検討チームの成り立ち自体に翻って、政府の意図を感じさせられます。（中略）

今後、事件と被疑者の精神疾患との因果関係がない、又は乏しいことが判明した場合には再度検証される必要があります。その際には、精神障害者の地域生活支援や精神科医療機関における支援の実務に携わる精神保健福祉士等の参画が欠かせないと考えます。（中略）

医療や福祉は第一義的に、それを利用する本人の幸福を実現するためにあるべきです。（中略）誰もが等しく尊重され、自分の意思に基づく生活を主体的に選択できる社会の実現に向けて尽力することを改めて言明いたします。」（日本精神保健福祉士協会）[10]

「（前略）『３つの視点』と言いながら、実質的には精神医療に大き

く偏り、一方、共生社会の推進や社会福祉施設のあり方などについては一般的な方向だけで具体性に欠けている。（中略）なぜ事件を防げなかったのか、警察の具体的な対応はどうだったのか、（中略）そもそも措置入院通報としたことは適切だったか等については全く検証されていない。（中略）措置入院者が犯罪者と同等に扱われている。（中略）精神医療が事実上、警察行政の一端を担わされることにもなりかねない。（中略）容疑者がその優生思想や『意思疎通ができない障害者』『車いすに縛りつけられて一生を過ごす』と表現した障害者観を持つに至ったことと、入所施設での障害者の生活状況やスタッフによる支援のあり方はどうだったかについても全く検証されていない。

　以上のように、分量的にも内容的にも精神医療の問題に収斂させた内容となっており、共生社会の推進を阻害している社会のあり方を問うものになっていない。（中略）

　私たちは、『措置入院の手続き（症状消退届の記載に関する）と退院判断の仕方を厳格に、また退院後、通院継続をしなくなった際の保健師等の連携について等』に重点を置いた今後の検討に反対する。（後略）」（障害者インターナショナル日本会議[11]）

「相模原市の障害者支援施設における事件の検証及び再発防止策検討」とは如何なるものであったのだろうか。その意図を探るために、次章で、2017 年 2 月に第 193 回通常国会に上程された「精神保健福祉法改正案」を見ていくことにしよう。

　検証・検討チーム報告書分析の最中、2018 年 3 月 10 日付『毎日新聞』に「参院から審議入りしたが、野党の反発などで衆院では審議できず、昨年 9 月の衆院解散で廃案となった。今国会での再提出を目指していたが、法案作成を主導した塩崎恭久前厚労相が昨夏の内閣改造で交代。後任の加藤勝信厚労相は改正案に慎重な姿勢で、障害者団体や野党の反発

がいまだに根強いこともあり、法案提出を見送った[12]。」という記事が掲載された。次章では（なぜ、障害者団体から要請を受けた）野党がこの「精神保健法改正案」に反対していたのかを見ていきたい。

注
1) 堀利和編著『私たちの津久井やまゆり学園事件——障害者とともに〈共生社会〉の明日へ』社会評論社、2017年、14-15頁、及び https://breaking-news.jp/2016/07/26/026100　ニュース速報 Japan
2) 相模原市の障害者支援施設における事件の検証及び再発防止策検討チーム「報告書～再発防止策の提言～」2016年12月8日、3頁。
3)「『相模原市の障害者支援施設における事件の検証及び再発防止策検討チーム』報告書に対する見解」公益社団法人日本精神保健福祉士協会　会長　柏木一惠、2016年12月14日。
　　「厚生労働省相模原事件検討会報告書に対する DPI 日本会議意見」特定非営利活動法人 DPI（障害者インターナショナル）日本会議議長　平野みどり、2016年12月26日他。
4)「精神保健福祉法改正案に関する緊急声明」全国「精神病」者集団、2017年2月28日。
　　「『精神保健及び精神障害者福祉に関する法律の一部を改正する法律案』に関する見解」公益社団法人日本精神保健福祉士協会会長　柏木一惠、2017年3月6日。
　　「精神保健福祉法改正に関する学会見解」日本精神神経学会理事長　武田雅俊、2017年3月18日。
　　「精神保健福祉法改正案に反対する DPI 日本会議声明」特定非営利活動法人 DPI（障害者インターナショナル）日本会議議長　平野みどり、2017年4月17日、他。
5) https://more-news.jp/article/detail/15936
6) 堀利和「被害者も加害者も社会から他者化された存在」堀利和、前掲書、24頁。
7) 関係団体とは、次の9団体である。
社会福祉法人日本身体障害者団体連合会・全国身体障害者施設協議会・全国手をつなぐ育成会連合会・公益社団法人日本知的障害者福祉協会・全国「精神

病」者集団・公益社団法人全国精神保健福祉会連合会・公益社団法人日本精神科病院協会・公益社団法人日本精神保健福祉士協会・日本多機能型精神診療所研究会。

8) 厚生労働省「報告書～再発防止策の提言～」

9) 全国「精神病」者集団「相模原事件検証チーム最終報告書への緊急声明」2016 年 12 月 8 日。

10) 日本精神保健福祉士協会「『相模原市の障害者支援施設における事件の検証及び再発防止策検討チーム』報告書に対する見解」2016 年 12 月 14 日。

11) 障害者インターーナショナル日本会議「厚生労働省相模原事件検討会に対する DPI 日本会議意見」DPI 日本会議、2016 年 12 月 26 日。

12)「〈厚労省〉精神保健福祉法　改正案、今国会の提出断念」『毎日新聞』2018 年 3 月 10 日。

第4章

障害者殺傷事件を生み出す
歴史的・社会的・構造的実態 4
——精神保健及び精神障害者福祉に関する法律の一部を改正する法律案の検討を通して——

第1節　精神保健福祉法の目的

　相模原障害者支援施設津久井やまゆり園で起こった大量殺傷事件（以下、「相模原事件」）は、容疑者の精神鑑定結果が出される前に、加害者の精神疾患の疑い（精神科病院に措置入院させられていたこと）・退院後に事件を起こしたこと（措置入院の退院プロセスや退院後の支援・監視が不十分だったこと）を理由に、その後の動きにも大きな影響を与えていくことになった。厚生労働省が、2016年8月10日に「相模原市の障害者支援施設における事件の検証及び再発防止策検討チーム」（以下、検証・検討チーム」）を設置し、2016年12月8日の「報告書〜再発防止策の提言〜」の内容を受ける形で、2017年2月28日、第193回通常国会に「精神保健及び精神障害者福祉に関する法律の一部を改正する法律案」（以下、精神保健福祉法改正案）を上程したからである。

　以下、本来の精神保健福祉法の目的と第193回通常国会に上程された精神保健福祉法改正案の目的との違いに焦点をあて、相模原事件と関連づけながら精神保健福祉法改正案の問題と課題を見ていくことにしよう。なお、現行精神保健福祉法は、2016年6月3日に改正・公布、2017年

4月2日に施行されたばかりのものである。

　精神保健福祉法第1条には、次のように法律の「目的」が記されている。

　「第一条　この法律は、精神障害者の医療及び保護を行い、障害者の日常生活及び社会生活を総合的に支援するための法律（平成十七年法律第百二十三号）と相まつてその社会復帰の促進及びその自立と社会経済活動への参加の促進のために必要な援助を行い、並びにその発生の予防その他国民の精神的健康の保持及び増進に努めることによつて、精神障害者の福祉の増進及び国民の精神保健の向上を図ることを目的とする。[注1]」

　この法律の「目的」を、第1条で、「精神障害者の福祉の増進」及び「国民の精神保健の向上を図ること」と定めている。この目的を達成するために、「精神障害者の医療及び保護を行い」「その社会復帰の促進及びその自立と社会経済活動への参加の促進のために必要な援助を行い」「その発生の予防その他国民の精神的健康の保持及び増進に努める」と謳っている。精神保健福祉法制定・施行の目的は、「精神障害者の福祉の増進」及び「国民の精神保健の向上を図ること」であり、「犯罪予防ではない」ことが明らかである。
　精神保健福祉法の内容を概観してみても、「総則（1章）・精神保健福祉センター（2章）・地方精神保健福祉審議会及び精神医療審査会（3章）・精神保健指定医、登録研修機関、精神科病院及び精神科救急医療体制（4章）・医療及び保護（5章）・保健及び福祉（6章）・精神障害者社会復帰促進センター（7章）・雑則（8章）・罰則（9章）」と、どの章にも「犯罪予防」という用語は見当たらず、どの条項にも「犯罪予

防」という用語は見当たらない。つまり、精神保健福祉法は、「目的」
に照らし合わせても、「内容」に照らし合わせても「犯罪予防」に関す
る法律ではないことが分かる。

第2節　相模原事件から精神保健福祉法改正案上程までの流れ

　2016年7月26日に起きた相模原事件で、殺人容疑などで逮捕された
植松容疑者の精神鑑定は2016年9月21日から2017年2月20日まで行
われ、「自己愛性パーソナリティー障害」と診断された。しかし、「完全
な責任能力」が認められ、殺人罪などで起訴された。
　ここで、2016年8月10日の「検証・検討チーム」の設置から、2016
年12月8日の「報告書～再発防止策の提言～」による答申、2017年2
月の第193回通常国会への精神保健福祉法改正案の上程までの厚生労働
省等の動き（流れ）を改めて時系列で見てみよう。

1．相模原市の障害者支援施設における事件の検証及び再発防止策検討チーム

2016年8月10日　「検証・検討チーム」立ち上げ
　　　　　　　　　・中間取りまとめに向けた意見交換
2016年8月19日　第2回「検証・検討チーム」
　　　　　　　　　・中間取りまとめに向けた意見交換
2016年8月30日　第3回「検証・検討チーム」
　　　　　　　　　・中間取りまとめに向けた意見交換
2016年9月8日　　第4回「検証・検討チーム」
　　　　　　　　　・中間取りまとめに向けた意見交換
2016年9月14日　「中間取りまとめ～事件の検証を中心として～」公表
2016年9月20日　第5回「検証・検討チーム」

・再発防止策についての意見交換

・兵庫県の退院後支援の取組について（兵庫県からの報告）

2016年10月13日　第6回「検証・検討チーム」

・再発防止策についての意見交換

2016年10月24日　兵庫県精神保健福祉センター視察

2016年10月31日　第7回「検証・検討チーム」

・関係団体からのヒアリング

2016年11月14日　第8回「検証・検討チーム」

・再発防止策についての意見交換

2016年12月8日　「報告書〜再発防止策の提言〜」公表

２. 精神保健福祉法改正案

2017年2月28日　第193回通常国会　精神保健福祉法改正案上程

2017年4月7日　参議院厚生労働委員会　精神保健福祉法改正案付託

2017年5月16日　参議院厚生労働委員会　精神保健福祉法改正案修正・議決

2017年5月17日　参議院本会議　精神保健福祉法改正案修正可決

2017年6月15日　衆議院厚生労働委員会　精神保健福祉法改正案付託

2017年6月16日　衆議院厚生労働委員会　精神保健福祉法改正案継続審議

2017年6月16日　衆議院本会議　精神保健福祉法改正案継続審議

３. 植松聖容疑者の精神鑑定結果

2017年2月20日　「自己愛性パーソナリティー障害」と診断

「完全な責任能力」が認められ、横浜地検が起訴

４．精神保健福祉法改正案継続審議後の扱い

2018 年 3 月 10 日　厚生労働大臣　法案提出見送り（毎日新聞他）

　「検証・検討チーム」の設置から、「検証・検討チーム」の「報告書～再発防止策の提言～」提出、第 193 回通常国会への精神保健福祉法改正案の上程までの動き（流れ）と植松聖容疑者に精神鑑定結果が出された時期とを照合してみると、「精神保健福祉法の改正」を相模原事件と関連づける必要性が全くないことがわかる。例えば、全国「精神病」者集団は、次のように声明を出している。

　「最終報告では、容疑者に対する措置入院の解除、退院後の監視が不十分であったかのようなかたちで課題が整理され、再発防止の方策として、すべての措置入院者に対して退院後の計画を都道府県が作成することが掲げられています。また、（中略）容疑者の大麻使用・入院費歴が精神保健上の問題があったことと因果的であるかのように目されていますが、現時点では犯罪行為が疾病によるものかは不明とされています。もし、鑑定留置の結果、犯罪行為が疾病と無関係なのであれば、精神医療では再発防止できないことになり、なんのための退院後のフォローアップかもわからなくなります。」[3]

　では、なぜ、「相模原市の障害者支援施設における事件」に絡み、「事件の検証」を行い、「犯罪」を「予防」するための（再発防止）「策」を検討しようとしたのであろうか。

第3節　精神保健福祉法改正案の主な改正点と特徴

1．精神保健福祉法改正の理由

　厚生労働省は、精神保健福祉法改正の理由を、「相模原市の障害者支援施設の事件では、犯罪予告通り実施され、多くの被害者を出す惨事となった。二度と同様の事件が発生しないよう、（中略）法整備を行う」とした。精神保健福祉法を制定・施行した目的は、「精神障害者の福祉の増進」及び「国民の精神保健の向上を図ること」であった。そのために、精神保健福祉センターを設置し、地方精神保健福祉審議会及び精神医療審査会を設け、精神保健指定医・登録研修機関・精神科病院・精神科救急医療体制を整え、精神障害者社会復帰促進センターを設け、医療・保健・福祉が連携を取りながら対処していく、言わば、「精神医療の充実」に他ならず、厚生労働省が述べていた精神保健福祉法改正の理由である「二度と同様の事件が発生しないよう」（犯罪予防のため）に「法整備（改正）を行う」とは大きくかけ離れていた。「精神医療は『医療』が目的であり、『犯罪予防』は『医療』ではない[4]」からである。

　法改正の趣旨そのものが本来の精神保健福祉法の趣旨と異なるだけでなく、今般の法改正案は、「措置入院の強化」と「治安維持」が見え隠れする内容となっていた。この法改正案がどのような特徴をもっていたのかを、第193回通常国会（参議院厚生労働委員会等も含む）に厚生労働省が示した精神保健福祉法改正の趣旨と概要[5]を紹介しながら見ていくことにしよう。

　なお、審議の過程（参議院厚生労働委員会・参議院本会議）で若干の修正（法律の施行後三年を目途として、精神科病院等に入院している者及びこれを退院した者の権利の保護の観点から、措置入院者等及び医療保護入院者の退院後の医療その他の支援の在り方、当該支援に係る関係行政機関等による協議の在り方、非自発的入院者の権利の保護に係る制度の

在り方等について検討を加え、その結果に基づいて所要の措置を講ずるものとする。個別ケース検討会議への参加を含む措置入院者等及びその家族による当該措置入院者等に係る退院後支援計画の作成に関する手続への関与の機会の確保、等）が加えられたことだけを付記しておく。

2．精神保健福祉法改正の趣旨

厚生労働省が示した精神保健福祉法改正の趣旨は、以下の通りである。
○医療の役割を明確にすること ――医療の役割は、治療、健康維持推進を図るもので、犯罪防止は直接的にはその役割ではない。
○精神疾患の患者に対する医療の充実を図ること ――措置入院者が退院後に継続的な医療等の支援を確実に受けられ、社会復帰につながるよう、地方公共団体が退院後支援を行う仕組みを整備する。
○精神保健指定医の指定の不正取得の再発防止――指定医に関する制度の見直しを行う。

3．精神保健福祉法改正の概要

改正の趣旨を踏まえ、以下の措置を講ずることとした。
1．国及び地方公共団体が配慮すべき事項等の明確化
　国及び地方公共団体の義務として、精神障害者に対する医療は病状の改善など精神的健康の保持増進を目的とすることを認識するとともに、精神障害者の人権を尊重し、地域移行の促進に十分配慮すべきことを明記する。
2．措置入院者が退院後に医療等の継続的な支援を確実に受けられる仕組みの整備
　措置入院者が退院後に社会復帰の促進及びその自立と社会経済活動への参加の促進のために必要な医療その他の援助を適切かつ円滑に受けることができるよう、以下のような退院後支援の仕組みを整備する。

(1) 措置を行った都道府県・政令市が、患者の措置入院中から、通院先の医療機関等と協議の上、退院後支援計画を作成することとする。（患者の帰住先の保健所設置自治体が別にある場合は、当該自治体と共同して作成）

(2) 退院後は、患者の帰住先の保健所設置自治体が、退院後支援計画に基づき相談指導を行うこととする。

(3) 退院後支援計画の対象者が計画の期間中に他の自治体に居住地を移転した場合、移転元の自治体から移転先の自治体に対して、退院後支援計画の内容等を通知することとする。

(4) 措置入院先病院は、患者等からの退院後の生活環境の相談に応じる「退院後生活環境相談員」を選任することとする。

3．精神障害者支援地域協議会の設置

保健所設置自治体は、措置入院者が退院後に継続的な医療等の支援を確実に受けられるよう、精神障害者支援地域協議会を設置し、(1) 精神科医療の役割も含め、精神障害者の支援体制に関して関係行政機関等と協議するとともに、(2) 退院後支援計画の作成や実施に係る連絡調整を行う。

4．精神保健指定医制度の見直し

指定医の指定の不正取得の再発防止を図り、その資質を担保するため、指定医の指定・更新要件の見直しや、申請者が精神科医療の実務を行うに当たり指導する指導医の役割の明確化等を行う。

5．医療保護入院の入院手続等の見直し

患者の家族等がいない場合等に加え、家族等が同意・不同意の意思表示を行わない場合にも、市町村長の同意により医療保護入院を行うことを可能とする等、適切な医療の提供を確保する。

第４節　精神保健福祉法改正案への諸見解

　厚生労働省が精神保健福祉法改正案で示していた概要、つまり改正の特徴は、上記のとおりだが、関係各団体から寄せられた諸見解を上記精神保健福祉法改正案の概要に沿って整理し、筆者なりにまとめてみたい。[6]

　１の「国及び地方公共団体が配慮すべき事項等の明確化」については、「病状の改善など精神的健康の保持増進」「人権の尊重」は当然のことであり、むしろ、「日本は措置入院と医療保護入院といった強制入院が諸外国に比べて極端に多い。障害者権利条約や国際的な潮流を踏まえて、地域移行をすすめることが必要」であり、「地域移行」の具体化と促進[7]こそが求められる。

　２の「措置入院者が退院後に医療等の継続的な支援を確実に受けられる仕組みの整備」については、措置入院中から退院後支援計画を作成することが義務づけられており、措置入院者の退院が遅れ、結果として入院期間が長引く可能性がある。また、退院後支援計画の作成が措置入院者のみに限定されており、このことの納得できる理由も合理的根拠も示されていない。さらに、作成された退院後支援計画に措置入院者本人が事前に内容を確認し意見を述べることも、事後に不服申立てや計画の変更を求めることもできないという欠陥が見られる。なお、退院後生活環境相談員については、活動内容が不明で効果についても十分に検証されておらず、今後の検討課題とすべきである。むしろ、支援を必要とするすべての人たちを念頭に入れた地域生活支援システムを構築していく必要があるのではないだろうか。それが、「共に生きる」ことを目指す私たちの願いであるように思う。

3の「精神障害者支援地域協議会の設置」については、国会で明らか
になった精神障害者支援地域協議会の仕組みが「代表者会議」と「個別
ケース検討会議」から成り、「警察」が代表者会議の参加者として予定
され、個別ケース検討会議にも参加する場合があることが判明した。両
会議の性格・構成員・内容が不明確なだけでなく、両会議で取り上げら
れる措置入院経験者の個人情報がどこまで共有され、どこまで守秘義務
が守られるのかなども不明確なままである。特に、「定期的に警察と医
療関係者が協議することが予定されている法律案に対しては、医療者か
ら警察に対し患者に関する情報が流れ、監視されるという不安を払拭す
るのは困難であり、信頼感が得られないまま制度が強行されれば、患者
の医療や福祉関係者に対する不信をも招きかねない[8]」可能性が多分にあ
る。また、「警察」の関与により犯罪の防止という名の治安維持の仕組
みを作ろうとしており、精神医療を治安対策の道具に使うべきではない。
さらに、再犯予防のために医療関係者が監視を強めるべきではない。

　4の「精神保健指定医制度の見直し」については、入院形態に関係
なく退院後の支援を必要としているすべての人に提供されるべきであ
り、精神保健指定医制度もそのような観点から見直しがされる必要があ
る。また、長年にわたる隔離収容政策や「精神科特例」という特異な医
療制度や指定医の指示による身体拘束及び保護室隔離の実態、長期入院
を正当化しようとする「重度かつ慢性」という基準こそ見直す必要があ
る。指定医の指定・更新要件の見直しや指導医の役割の明確化等は、患
者管理やリスク管理からの観点ではなく、「共に生きる」という観点か
らの検討であるべきである。

　5の「医療保護入院の入院手続等の見直し」については、2013年に
精神保健福祉法が改正されたときの衆議院・参議院での附帯決議で、非

自発的入院の減少が志向されていた。しかし、今回の精神保健福祉法の改正案では、措置入院の強化や家族等の同意、さらには市町村長の同意により医療保護入院を行うことを可能とする旨の提案がなされており、非自発的入院が減少するどころか増加の懸念さえ与えかねず、精神障害者の地域生活を阻害し、権利擁護とは程遠いものとなっている。非自発的入院制度である措置入院と医療保護入院の抜本的な見直し、入院中の権利擁護、退院後の権利回復・権利擁護のあり方について検討していく必要がある。

　以上の諸見解を総括すると、精神障害者が地域で暮らすにあたり、医療福祉関係者との連携の下に必要な支援が提供されることが望ましい。その際、最も重視されなければならないのは、本人の意思である。しかし、今回の精神保健福祉法の改正案で明らかになったことは、当事者不在のまま新たな制度をつくろうとしたことである。つまり、法改正の根底に精神障害者に対する抜きがたい排除意識や差別感情があり、このまま法改正が強行されれば精神障害者に対する社会的排除や差別が助長される可能性があったということである。

　今後は、精神障害者の置かれた状況を直視し、精神医療と福祉のあるべき姿を見据えながら、まずは障害当事者の立場に立ち、障害当事者が希望する支援のあり方を、障害当事者の声に耳を傾けながら、当事者の声を反映させた支援制度として形づくっていく必要がある。誰もが共に地域で生活できるようにするために。

注
1）精神保健及び精神障害者福祉に関する法律（昭和二十五年法律第百二十三号）最終更新：平成二十八年六月三日公布（平成二十八年法律第六十五号）改正施行日：平成二十九年四月二日。
　　http://elaws.e-gov.go.jp/search/elawsSearch/elaws_search/lsg0500/detail?law

Id=325AC1000000123_20170402&openerCode=1

2）相模原市の障害者支援施設における事件の検証及び再発防止策検討チーム「報告書〜再発防止策の提言〜」2016年12月8日、20-21頁。

3）全国「精神病」者集団「相模原事件検証チーム最終報告書への緊急声明」2016年12月8日。

4）竹端寛「誰のため、何のための「改正」？精神保健福祉法改正の構造的問題」『SYNODOS』シノドス国際社会動向研究所、Vol. 239. 2017年4月26日。https://synodos.jp/welfare/19637

5）厚生労働省「精神保健及び精神障害者福祉に関する法律の一部を改正する法律案の概要」第193回通常国会参議院厚生労働委員会、2017年2月28日。

6）筆者の見解を導いてくれたのは、以下の各団体の声明文である。

「精神保健福祉法改正案に関する緊急声明」全国「精神病」者集団　2017年2月28日。

「『精神保健及び精神障害者福祉に関する法律の一部を改正する法律案』に関する見解」日本精神保健福祉士協会、2017年3月6日。

「精神保健福祉法改正に関する学会見解」日本精神神経学会、2017年3月18日。

「精神保健福祉法改正案に反対するDPI日本会議声明」特定非営利活動法人DPI（障害者インターナショナル）日本会議、2017年4月17日。

「精神保健福祉法改正案の廃案と、抜本的な精神医療制度改革を求める声明」きょうされん、2017年9月12日。

「精神保健福祉法改正案に対する意見書」日本弁護士連合会、2017年11月15日、他。

7）「精神保健福祉法改正案に反対するDPI日本会議声明」特定非営利活動法人DPI（障害者インターナショナル）日本会議、2017年4月17日。

8）「精神保健福祉法改正案に対する意見書」日本弁護士連合会、2017年11月15日。

参考文献

1）堀利和編著『私たちの津久井やまゆり学園事件——障害者とともに〈共生社会〉の明日へ』社会評論社、2017年。

2）相模原市の障害者支援施設における事件の検証及び再発防止策検討チーム「報告書〜再発防止策の提言〜」2016年12月8日。

3）竹端寛「誰のため、何のための「改正」？精神保健福祉法改正の構造的問題」『SYNODOS』シノドス国際社会動向研究所　Vol. 239、2017年4月26日。https://synodos.jp/welfare/19637

4）斎藤環・たにぐちまゆ・高木俊介・荻上チキ「精神保健福祉法改正案、措置入院制度の問題点」『SYNODOS』シノドス国際社会動向研究所、Vol. 239. 2017年5月8日。https://synodos.jp/welfare/19673

第5章

障害者殺傷事件発生の要因とメカニズムを解明するために
——修正社会形成モデルの提示と諸方策「点検指標」の検討——

第1節　混迷社会から垣間見える社会的排除・差別の要因とメカニズム

　第3章で見てきたように、植松容疑者は、衆議院議長に宛てた手紙に「障害者は不幸を作ることしかできません」「障害者を殺すことは不幸を最大まで抑えることができます」と記し、相模原障害者支援施設津久井やまゆり園で大量殺傷事件を起こした。植松容疑者は優秀な者にのみ存在価値を認め、障害者を排除または抹殺するという「優生思想」に感化され、「ヒトラーの思想が降りてきた」「障害者なんていなくなればいい」とも語っている。その考えは、警察の留置場にいる今も変わっていないようである。

　この事件は、「排除」と「差別」に満ち満ちた「排除社会」の中で引き起こされた出来事ではなく、「共生社会」を目指す中での時代を逆行させる衝撃的な出来事であった。この事件を客観的に捉え直して現社会を見てみると、共生社会を目指す大勢の人たちの努力がある一方で、ネット上で散見されるように、「障害者は生きていても仕方がない」という植松容疑者に共感し障害者の尊厳を貶める言説が跋扈し、あるいは、植松容疑者自身も殺された障害者と同様「人生の落伍者」で価値のない

85

存在、人格障害者で何をするか分からない危険人物／排除すべき対象となっており、私たちは、何でもありの、「排除社会」「硬直社会」「拒絶社会」「共生社会」が混在する混迷社会（見えざる社会）の中にいることが分かる。

　植松容疑者の行為は、究極的な「社会的排除・差別的な行為」だが、このような行為は、紛争・戦争・弾圧と形を変えて、アフリカや中東で、南米で、シリアで、中国で、東南アジアなどで引き起こされている。巨大国家アメリカも例外ではない。トランプ大統領が声高に主張する移民排斥のための国境の壁も社会的排除の表れである。欧米諸国では白人至上主義団体が台頭し、移民・難民を排斥し始めている。移民排斥を主張する極右政党が国会に議席を占め、保護主義の主張も目立つ。資本主義国や先進国などを標的としたテロ行為も頻繁に起こっている。難民問題も深刻である。

　日本では、東日本大震災で２万人を超す死者・行方不明者を出し、完全復興も未だ道半ばである。東日本大震災の津波被害による福島原子力発電所の倒壊と放射能漏れ、周辺住民の大量避難、未だ帰還できずにいる多くの住民、その後に起きた熊本地震、各地で起こる台風被害による河川の氾濫など、混迷社会の中で、すぐには解決困難な出来事がたくさん発生している。これらは、すべて、ノーマライゼーションやインクルージョンといった新しい理念が広がり、平和や平等、共生を志向し、その中で幸せを享受することが当たり前だと思われる社会の中で起こっているのである。

　各章で取り上げた隣人を「排除せず」「差別せず」「共に生きる」社会づくりを阻害する数々の出来事も、精神保健福祉法改正案などの法制度を巡る動きも、その途上で見られる社会の反応も様々で、皆が決して同じ方向を向いていないが故に時に他者を排除し、拒絶し、硬直した関係のまま、社会が混迷し、どのような方向に向かって歩んで行っているの

かが分からずに右往左往している。どれもが本当で、どれもが矛盾し、自己中心的で、共有することがなかった。相模原障害者殺傷事件は、強い排除思想をもった人間が、混沌とした混迷社会の中で自分勝手な思い込みの中で引き起こしたことが要因となっている。「排除社会」「硬直社会」「拒絶社会」「共生社会」が混在する混迷社会の中で育まれた犯罪者（植松容疑者）が、勝手な思い込みによって自らの仕組み（メカニズム）を創り上げ、「コミュニケーションができない・不幸しか生まない重度の知的障害者は生きている価値がない」等の理由によって大量殺人を計画的に実行していったのである。

　ここで再び津田英二に登場してもらおう。津田は、「障害者差別解放過程の理論化のために」の中で、次のように述べている。

　　「障害者が一人の人格とはみなされず、自己決定能力を欠く者として見られ、その状態を子どもとして比喩されているのだとしたら、それは差別的状況以外のなにものでもない。障害者を子ども扱いするという行為の中には、障害者の行為能力の限界を予め規定してしまう強制力と、愛情を傾けなければならない対象として障害者を扱おうとする努力とが表現されている。こういった何気ない差別意識は、我々の心と体にしみついていて、視線や言葉づかいなどに端的に表れる。
　　　こうした視線や言葉づかいに表れる差別意識は、多分に無知や偏見と密接に関連している。」[注1]

続けて津田は、次のように述べる。

　　「相手を無知や偏見ゆえに畏怖し、なるべく自分から遠ざけておこうとする行為は、差別の基本的な要因となっているように思われる。（中略）人々が差別の対象者を遠ざけようとし、実際に遠ざけること

で無知や偏見が生じ、逆にその無知や偏見によって差別が強化されるという循環関係として捉えられなければならないからだ。」[2]

その上で、津田は、「差別」の発生過程を次のように整理してみせる。

「差別する意識→排除しようとする意識→無関心の奨励→無知・偏見→差別の強化、こういった循環を、差別現象の本質の一側面として考えることができるだろう。そしてこの循環こそが、思い込みを氷解させる人間的な直接的関係の形成を阻害しているのだ。」[3]

津田の「差別現象循環論」は、相模原障害者殺傷事件の発生要因とメカニズムの解明に示唆を与えてくれていると思われるため、後にまた登場してもらうことにする。

第1章から第2章にかけ、様々な歴史的・社会的事象や出来事を通して、隣人を「排除せず」「差別せず」「共に生きる」社会づくりを阻害し、障害者殺傷事件を生み出す歴史的・社会的・構造的な実態1・2について見てきた。第3章から第4章にかけ、「津久井やまゆり園殺傷事件の軌跡と事件の検証・再発防止策の検討」や「精神保健及び精神障害者福祉に関する法律の一部を改正する法律案」を巡る動きを通して、隣人を「排除せず」「差別せず」「共に生きる」社会づくりを阻害し、障害者殺傷事件を生み出す歴史的・社会的・構造的な実態3・4についても見てきた。様々な立場の人たちから様々に異なる意見が出され、出された報告書に対しても多くの疑問・批判的見解・要望が示されていた。それらはいずれも社会や周囲の人たちから日常的に受けている偏見や差別に基づいたものであり、一片の報告書や法制度の内容では解決されないというものであった。物事を前に推し進めるために必要とされる方策を一つ

にまとめることの難しさが浮かび上がってきた。なぜこのような難しさが生じてしまうのであろうか。

社会の成り立ちは、人間関係の成り立ちである。人と人、他者と自分との相互関係の中で人間関係は成り立っている。その関係の有り様を、栗原彬は次のように整理している。

「はじめにまなざしがある。まなざしが他者に注がれて自己との違いを識別する。ちがいを認めたまなざしは自分自身へ投げ返される。そのつどの状況の中で、他者に投げられたまなざしは、瞬時に、そのつどの自他のアイデンティを振り分ける。

しかし、まなざしはちがいの識別にとどまらず、その先に行く。まなざしは、その違いに力関係をもちこむ。上下、優劣、貴賤、正常－異常、中心－周縁、完全－欠如。いずれにせよ、まなざしは、一方のアイデンティには価値付与的に、他方のアイデンティには価値剥奪的に働く。まなざしが権力的関係をつくり出し、そのことが関係の両端にある人間の総体を傾斜的に、非対称的に規定するとき差別が完成する[4]。」

他者にある価値を付与し、他者との間に障壁ができてしまうと、他者に対して何らかの意識や態度が生まれ、人としての関係形成すらも難しくしてしまうことになる。このことを津田は、障害のある人を例に挙げ、次のように述べている。

「障害者は、男女間の、いや同性間でさえ、生き生きとした人間関係を形成することが難しくさせられている。（中略）障害者は生き生きと生活することを構造的に奪われているのだといえる[5]。」

このことは、障害者だけでなく、障害者の周りにいる人たち、加害者も家族も同様の存在だということを堀利和は次のように述べている。

「被害者も加害者も社会から他者化された存在（であった）（中略）知的障害者の被害者と歪んだ正義感と使命感の優生思想をもった『精神障害者』の被告植松、こうして繰り返される歴史的社会関係の中に『被害者』と『加害者』の同一性、連関性は見えてくる。同時に、それは、社会から結局『他者』化された存在の同一性でもある。（中略）家族でさえも被害者を『他者』化する意識構造というものは現代社会、偏見と差別に満ち溢れた社会的、土着的、世界的な人間観や障害者観からは決して誰も自由ではいられない。[6]」

相模原障害者殺傷事件発生の要因とメカニズムを解明するために、津田の言う「生き生きと生活することを構造的に奪われている」とはどのようなことなのか、堀の言う「被害者も加害者も社会から他者化された存在」であったのか、を序章で取り上げた「社会形成モデル」に当てはめて整理・検討してみたい。

第2節　混迷社会の意識化と修正社会形成モデルの提示

序章末尾で、私たちが生きている現社会は、「排除社会」「硬直社会」「拒絶社会」「共生社会」が混在する混沌とした社会だと記した。その極端な例が植松容疑者が引き起こした相模原障害者殺傷事件であり、植松容疑者が発した数々のメッセージや発言であった。また、津田は「生き生きと生活することを構造的に奪われている」と語り、堀は「被害者も加害者も社会から他者化された存在」であったと語った。

植松容疑者は、強い「排除」意識をもちながら、「排除社会」「硬直社

会」「拒絶社会」「共生社会」が混在する混沌とした社会の中で障害者大量殺傷事件を引き起こした。ここでは、植松容疑者がなぜ障害者殺傷事件を引き起こしたのかを序章で示した「社会形成モデルの現状」（図2）に照らし合わせながら改めて社会形成のあり方を探ってみたい。

　序章では、図2を使用し、今なお「排除社会」「硬直社会」「拒絶社会」「共生社会」が混在しながら存在し、網掛け部分を「混沌とした社会状態」と表現した。それが、私たちが生きている現社会であり、「排除社会」から脱することもできず、「共生社会」とも言い難い状況だと表現した。このような現状にある現社会を基に「修正社会形成モデル」として図3に示してみよう。

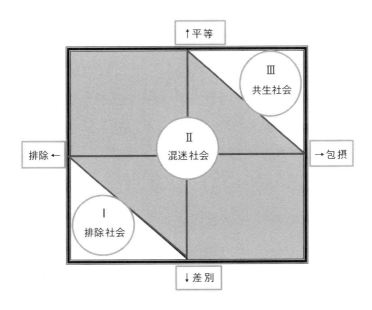

図3．修正社会形成モデル

　「排除社会」から脱することができない状態の社会を引き続き「Ⅰ　排除社会」と表現し、「Ⅱ」（網掛け部分）の枠外に配置した。また、今な

第5章　障害者殺傷事件発生の要因とメカニズムを解明するために　91

お「排除社会」「硬直社会」「拒絶社会」「共生社会」が混在しながら共存している「II」の領域を新たに「混迷社会」（混沌とした混迷している社会状態）と表現した。さらに、第IV象限の「II」の領域の枠外に「III 共生社会」を配置した。このように現社会を捉え直すことにより「社会形成モデル」がより一層機能していくように思われた。

　先の堀の言葉を借りれば、植松容疑者は「混迷社会」に生きていても「社会から他者化された存在」として「排除社会」に留まり、「歪んだ正義感と使命感の優生思想」をもって犯行に及んだのであろう。「混迷社会」の中では、「歪んだ正義感と使命感」に基づいて専門家としての己がその優位性に基づいて無意識のうちに一方的な関わりをもってしまうことを植松容疑者を通して知った。そのことを堀は、次のように語っている。

　「医療行為の専門性の無意味化、虚しさ、空虚感、成果のなんら上がらないと感じたのと同様に、彼もまた、『意思疎通』『コミュニケーションができない』重度の知的重複障害者に対して、ケア行為の専門性の無意味化、虚しさ、空虚感、成果のなんら上がらない専門技術、そのように感じたに違いない。彼の専門家としての誇りが傷つけられた。ここであえて私が強く主張したいのは、彼に『共に生きる』という考えが全くなかったということである。ユマニチュードの哲学がなかったということである（『ユマニチュード入門』医学書院）。彼は、専門家の「支援方法論」、その支援の立場に立っていたということに尽きる。専門的支援、やってあげているのに。彼を、そのように追い込むのが閉鎖された施設、施設の宿命である。施設には職員と入所者しかいない。せいぜい年に二、三度地域の住民と施設内で慰問行事のような交流が行われる程度である。[7]」

意識的に「排除社会」に留まることによって「歪んだ正義感と使命感」を振りかざし、「共生社会」には一歩たりとも近づくことがなかった植松容疑者の悲しい姿だけが浮かんでくる。そう感じるのは、筆者だけであろうか。

第3節　障害者殺傷事件発生の要因・メカニズムと諸方策「点検指標」の検討

　先述したように、津田は、「障害者差別の諸局面」の「行為」の項で、差別現象には「差別する意識→排除しようとする意識→無関心の奨励→無知・偏見→差別の強化」のような循環が見られるとした。「社会形成モデル」のどの象限（社会）にも見られる循環だが、「排除社会」にあっては、強化された排除・差別意識がそのまま残されている。「混迷社会」の現社会にあっては、内在されている無意識の「差別意識」が様々な過程を経て「差別の強化」がなされるという循環が繰り返されている。もちろん現社会には、「共生意識」をもち続けている人も、「出会い」を重ねながら「共生体験」をしている人も少なからず存在している。また、そうであってほしい。

　だが、やっかいなのは、ヘイトスピーチなどを通して未だに差別・排除意識をもち続けている人たちがいるし、私たちの心の中にも巣食っているかもしれない。例えば、ヘイトスピーチでの公然の差別むき出しの言説より、むしろ表面的にはそつなく障害者に対応しながら、内面では障害者に対する忌避感をもつ介護職員や医者、福祉・教育関係者など専門職などの内なる差別意識、そして障害者の中にもある他の障害に対する無理解や偏見、重度の人を低く見る内なる優生思想・能力主義のほうが見えづらくてやっかいかもしれないのである。これこそが内在化され

た無意識の「差別意識」を「強化」し、その循環の中に私たちが置かれているということである。被害者にされることの多い障害当事者にとっては、とんでもない受け入れることのできない循環の実態なのである。このような循環こそが、歴史的・社会的・構造的差別・排除の実態ともいうことができよう。このような私たち人間の意識の循環（営み）こそが、相模原での障害者殺傷事件を引き起こす温床、事件発生の要因やメカニズムとなっていたのではないだろうか。

　被害者の立場に立たされることの多い障害当事者は、歴史的・社会的・構造的差別・排除の実態の渦中にいたことを次のように表現している。少々長くなるが、序章・本章で示した「社会形成モデル」で取り上げている「差別論」「排除論」とも関係があると思われるため、障害当事者の一人であるアドルフ・ラツカの言葉を引用してみよう。

　「ディスアビリティ当事者として、私たちは、どの国に住んでいるかを問わずに、常に二流の市民であった。教育、雇用、住宅や交通、社会における政治・文化・経済生活に関していつでも、どこでも、私たちは他の市民と同じ選択を持たされずにきた。ディスアビリティを持たない家族、隣人や友人が当然だと思っているような日常生活の自立性を、どこにいても行使することができなかった。

　私たちが二流の市民というのには、多くの理由がある。一つには、社会がすべての市民にはつくられていないからである。社会は人口の約10％にあたる人々を常に差別しているが、これはみな、何らかのディスアビリティを持つ人々である。私たちは、住宅に住み、仕事を得、社会的・文化的に活動することを、身体と態度の障壁を設けて否定されている。

　私たちは、歴史を通じて、圧力を受けてきた。（中略）

　私たちが二流の市民であるもう一つの理由は、私たちの多くが、技

術的援助、住宅改造、およびパーソナル・アシスタンスのような援助サービスを必要とするからである。これらのサービスが存在しておらず、また不十分なサービスしか受けられないところでは、私たちは平等な機会を得ることができず、永久依存を宣告されているようなものである。私たちの多くが施設に収容されて、このような機会を逸し、人間としての成長を妨げられ阻害された生活を運命づけられている。（中略）

　私たちの多くがなぜ依存しているのかの第三の理由は、私たちが小さい子どもの頃から次のように洗脳されてきているからである。いわく、ディスアビリティ当事者はハンディがあり、社会に貢献できない、私たちの人生は生きるに値しないと。私たちの多くが、このようなことを信じ込まされてきたのである。(後略)」

ラツカは、障害当事者が歴史的・社会的・構造的（しかも日常的）に社会的に排除・差別されてきた（いる）事実を、自らの体験を通して余すことなく短い言葉で的確に表現している。障害当事者の周りにいる人たちに対してだけでなく、組織的・体系的に形づくられた社会システムに対しても鋭い批判的な目を向けている。例えば、私たちが恩恵を受けていると思われる社会福祉システムがいかに施設的であり、周囲が個（障害者当事者・利用者）を管理・統制し、いかに自己決定がしにくいシステムとなっているかを次のように表現している。

「・他に選択肢がない
・誰がどんな任務をもって私たちを介助しようとしているのか、私たちには選べない
・利用者は自らのニーズを、全体の計画のニーズに合わせなければならない

・アシスタンスを規制する成文・不成文の規則があり、利用者が管理できない規則となっている
・アシスタンスが一定の時間、活動、場所に限られている
・介助の利用に制限がある
・アシスタンスを提供している職員を、数人の利用者が共有している
・階層があり、利用者はピラミッドの底辺に位置している[10]」

　生活条件さえ整えてあげれば誰でもサービスを利用しながら地域で他の人々と同様にごくあたり前に暮らしていくことができるという考え方の下に、個別的に地域での暮らしが可能となるような支援の仕組みをつくり上げていくことができるなら、ラツカが指摘しているような施設的システムが薄められ、快適な一人暮らしを地域の中でつくっていくことができるに違いない。
　ラツカの指摘に沿って一人ひとりの快適な暮らしの全体像をイメージしてみると、次のようになる。

（1）住宅サービスと人的サービスを切り離し、社会生活に必要な必要かつ十分な人的サービスを一人ひとりに提供すること。
（2）社会生活に必要な必要かつ十分な人的サービスは、サービスを受ける人が自分で選び、自分で管理できるようにすること[11]。

　一人ひとりの快適な暮らしの全体像を具体化させようとする仕組みが、今日パーソナルアシスタンス[12]として日本でも注目され始めている。ラツカが提唱するパーソナルアシスタンスを形づくる理念（要素）を参考に、障害者殺傷事件を二度と起こさないようにするための諸方策の「点検指標」を第1の「要素」（左側：管理的社会システム、右側：非管理的社会システム）として表示してみよう。

点検指標：要素1

差　　別　vs. 平　　等

医療中心　vs. 脱 医 療

施設中心　vs　脱施設化

専門家中心 vs　脱専門化

サービスの他者管理　vs　サービスの自己管理

専門家カウンセリング／サポート vs　ピア・カウンセリング／サポート

排　　除　vs　ネットワーキング（包摂・多元的共生[13]）

　左側に示した管理的社会システムが障害者殺傷事件発生の「要因」であり、右側に示した非管理的社会システムが障害者殺傷事件を二度と起こさないようにするための諸方策の「要素」となる。これらの要素を繋ぐのが「メカニズム」（仕組み）であり、自在に結びつなごうとする動きが「ネットワーキング」と言えよう。障害者殺傷事件を二度と起こさないようにするための諸方策が法制度として立法・行政の両サイドで検討（提示）されてきているが、これらの法制度は障害当事者一人ひとりの快適な暮らしをイメージしてつくられていないことがやがて理解していただけるであろう。

　さらに、歴史的・社会的に法制度に基づいてつくり上げてきた入所施設が構造的な欠陥をもっていたことを行政自らが認めた報告書もある。スウェーデンの社会庁から公的文書として示した報告書[14]では、入所施設は①集団で扱われることが多い、②地域から遠く離れ、隔離された所にあることが多い、③決まりきった仕事をすることが利用者の個人的ニーズに応えるものだと錯覚してしまう、④集団指導体制がとられ、完結された環境になりやすく、官僚主義的な構造がつくられる、⑤合理性優先の保護となってしまう傾向がある、⑥利用者のニーズをコントロールし

第5章　障害者殺傷事件発生の要因とメカニズムを解明するために　97

たり、制限をすることが多くなる、と記されている。

　入所施設がもっている構造的特徴を「要素」として導き出すと、次のようになるが、これらは、障害者殺傷事件を二度と起こさないようにするための諸方策の「点検指標」の第2の「要素」（左側：入所施設支援システム、右側：地域生活支援システム）、と位置づけることができる。

点検指標：要素2
　　閉鎖 vs. 開放
　　隔離 vs. 交流
　　管理 vs. 自由
　　集団 vs. 個別
　　官僚 vs. 民主
　　保護 vs. 自主

　左側に示した入所施設支援システムが障害者殺傷事件発生の「要因」であり、右側に示した地域生活支援システムが障害者殺傷事件を二度と起こさないようにするための諸方策の「要素」となる。

　なお、2000年までに入所施設の解体を法律で定めたスウェーデンでは、日本の厚生労働省にあたる社会庁が、なぜ入所施設を解体しようとしたのかを、入所施設支援と地域生活支援との比較を通して次のように整理している。[15]

①目に見えないものから目に見えるものへ
　入所施設では、入所者が大きな集団で処遇されることが多い。施設では入所者を個人として見たり理解することが難しく、集団で扱われることが多くなる。
　地域では、集団の小さい家に住み、個人として尊重されるようになる。

情緒的安定がはかられ、問題がより理解され、改善されるようにもなる。知的障害のある人たちも職員も、共に社会の一員となり、一般の人々からより大きな関心をもって見られるようになる。

②隔離された状態から社会の構成員として

　入所施設は、地域から遠く離れ、隔離された所にあることが多い（街中にあっても状況は変わらないことが多い）。そのため、独特の規範と運営システムをもつ特殊な施設文化が形成されてしまい、社会的コントロールがきかなくなってしまう。

　地域では、コミュニケーションが取りやすくなり、社会参加が容易になる。日常生活の中で自然にコンタクトが取れるようになる。また、いろいろな協力が得られるようになると、社会的資源を利用する条件が増してくる。

③機械的な仕事から変化のある仕事へ

　入所施設では、施設利用者の居場所がなくなり、介助の仕事を決まりきったものにすることが多く、自然な活動を生み出す可能性が少なくなってしまう。やがて決まりきった仕事をすることが利用者の個人的ニーズに応えるものだと錯覚してしまう。

　地域での援護活動では、決まりきった仕事よりも個人的なニーズや関心に重点をおいた活動が必要とされるようになる。

④集中管理から地域分散化へ

　入所施設では集団指導体制がとられ、完結された環境になりやすい。官僚主義的な構造がつくられ、各生活棟に主体性を与えず、上部の意向によって活動が左右されることが多くなる。

　地域での援護活動では、様々な場所・生活環境下で余暇活動や日中活動が行われ、職員もいろいろな役割をもっている。地域では、職員は仕事以外でも新しい期待に出会うようになる。

⑤保護から社会的援助サービスへ

第5章　障害者殺傷事件発生の要因とメカニズムを解明するために　99

入所施設は、医療中心の考え方に左右され、職員が活動の内容を決めることが多い。社会的なものよりも物理的な要因に規定されることが多く、合理性優先の保護となってしまう傾向がある。

　地域では、形態や内容を自分で決めることが必要となり、職員の役割も変質してこざるを得なくなる。しかし、相談員やスーパーバイザーとしての新しい役割をもつようになると、仕事に自信がもてるようになり、社会的関係がもて、変化があって面白く、満足感を得られるようになってくる。また、職員の労働そのものが社会的に評価されるようになってくる。

⑥不平等から意思の尊重へ

　入所施設では、生活棟が職員の基本的な労働の場となり、利用者のニーズをコントロールしたり、制限をすることが多くなる。利用者の個人的な物はほとんどなく、多くの物が共通のものとなっており、自分のベッドをもつ権利ももっていない。

　地域では、知的障害者の意思や関心が尊重されるための条件が増えてくる。自分の住居をもち、質の高い物質的基準・より良い一人当たりの経済水準・より広い居住スペースを得る権利が提供されるようになる。様々な日中活動の中で住居や利用者相互の交流が容易になり、希望がもてるようになる。職員は、一人ひとりのニーズや願いをよりよく解釈してくれるようになる。

　上記したスウェーデン社会庁報告書の入所施設を指し示す六つの要素を基に、入所施設と呼ばずに済むための条件、換言すれば、（地域）社会の一員として生活していると言えるための条件を、上記6要素を援用し、筆者の脱施設化・地域生活支援の研究[16]の中で評価指標として用いたことがある。本研究のまとめとしても有効と思われるため、点検指標：要素2を拠り所とした「具体的点検指標」として提示しよう。

具体的点検指標（点検指標：要素２を拠り所に）

　① 取り組みが可視化されているか

　② 社会の一員として地域で生きることができているか

　③ （取り組みが）自由で変化がもてるものとなっているか

　④ 地域で役割や期待がもてるようになっているか

　⑤ 社会との関係がもて自律的か

　⑥ 本人意思が尊重され平等か

　これら六つの具体的点検指標に基づき、第６章・第７章で障害者殺傷事件を二度と起こさないようにするための諸方策の評価を行い、第８章・第９章で筆者なりの障害者殺傷事件を二度と起こさないようにするための社会的仕組みづくりや権利擁護体制づくりを検討してみることにしよう。

注

1) 津田英二「障害者差別解放過程の理論化のために」『生涯学習・社会教育学研究』No.20, 1996 年、34 頁。

2) 同上。

3) 同上。

4) 栗原彬「差別とまなざし」栗原彬編『日本社会の差別構造』弘文堂、1996 年、13 頁。

5) 津田、前掲書、32 頁。

6) 堀利和「被害者も加害者も社会から他者化された存在」堀利和編著『私たちの津久井やまゆり園事件——障害者とともに〈共生社会〉の明日へ』社会評論社、2017 年、19–23 頁。

7) 同上書、39-40 頁。

8) 津田、前掲書、32 頁。

9) ヘイトスピーチ（hate speech）とは「特定の対象（人物や集団）に対する敵意や憎悪を、過激な表現を用いて直接に示す言動の総称」（新語時事用語辞典、

2018 年）だが、2016 年 6 月 3 日に公布・施行された「本邦外出身者に対する不当な差別的言動の解消に向けた取組の推進に関する法律（ヘイトスピーチ解消法）」では、「不当な差別的言動」と表現している。

10）この長い引用は、アドルフ・ラツカが、下記訳書を出版した際、「日本の読者の皆さんへ」の中で記したものである。
Adolf D. Ratzka, 1986, *Independent Living and Attendant Care in Sweden: A Consumer Perspective.* World Rehabilitation Fund.（＝ラツカ、A．D著、河東田博・古関－ダール＝瑞穂訳『スウェーデンにおける自立生活とパーソナル・アシスタンス──』現代書館、1991 年）。

11）同上書、7－8 頁。

12）河東田博『脱施設化と地域生活支援：スウェーデンと日本』現代書館、2013 年、187 頁。

13）同上書、200 頁　を参考に、加筆・修正した。

14）ラツカ、前掲書、68 頁で「障害のある人一人ひとりが自分自身の介助システムを注文・企画して、介助者の配置・計画・訓練・雇用・解雇に至るすべての決定をする」とパーソナル・アシスタンスを定義している。

15）ラツカ、前掲書、107－112 頁。

16）Institutionsavveckling － Utvecklingsstörda personers flyttning från vårdhem. Socialstyrelsen (1990:11)

17）スウェーデン社会庁同上報告書の入所施設支援と地域生活支援とを比較した箇所を邦訳した　河東田、前掲書（37-39 頁）から引用した。

第6章

障害者殺傷事件を二度と起こさないように
するための方策と評価 1

—— 現在地での全面的な建替え／全個室・ユニット方式
への疑問と評価 ——

第1節　津久井やまゆり園障害者殺傷事件をどう受け止め、どう
整理すべきか

　筆者は、元入所施設職員である。筆者の考え方や行動は、ここでの取り組みの中で培われた。「（利用者の）皆さんが入所施設で暮らさなくてもよい社会づくりを目指したい」と言って12年間働いた入所施設を飛び出した。その後、5年間海外で暮らした。海外生活を通して、入所施設を解体できることを知った。入所施設解体事例を紹介しながら、脱施設化と地域生活支援の研究にも取り組んできた。脱施設化と地域生活支援に関する研究を通して、入所施設利用者が自ら望んで入所施設に入所したわけではないことが分かってきた。利用者の入所理由は、ほとんどが家族の都合によるもので、入所施設は嫌だったということを、元入所施設利用者が筆者たちに次のように語ってくれたことがある。

　　「施設にいること自体が嫌だった。町に下りて来て、周りの目線が
　　Ａ施設のバス乗っていったら『施設の人だ』と思われるようになると
　　思う。それが一番嫌だった。……（外でどういう暮らしをしたと思ってい

たのですか？）施設にいたらＡ施設のバス乗るでしょ。でも、町に出たら乗る必要ないっしょ。（バスに乗りたくないっていうことですか。）うん。早い話がそうですね。……結局周りの目線がずっと気になってた。『あ、この人施設だ』って。

　でも行く前は障害的な、自分もそういう扱いになるっていうことで、すごく反対した。（嫌でしたか？）ええ。……（最終的に行くことになったのはどうしてですか？）親にも言われたけど、親もいつまでも生きていられるわけでもないし、そこに行けば親死んでからも、面倒みてくれるっていうことで。（それで納得した。）ええ。……（Ａ施設の生活どうでしたか？）半端じゃなく、やでした。^{注1}」

　また、脱施設化と地域生活支援の検討には、他者（親／家族や現場職員等関係者）の視点ではなく、本人（障害当事者）の視点が欠かせないことが分かってきた。脱施設化と地域生活支援に関する政策を立案する際、当事者参画が欠かせず、かつ、最も有効な手段であることも分かってきた。

　ところで、筆者は、相模原障害者支援施設殺傷事件（以下、障害者殺傷事件）やその後の行政対応をどう捉え、この事件にどのように向き合おうとしてきたのかを、以下の４点に整理してみたいと思う。

[1] 今回の事件は、優生思想に基づく「障害者はいなくなればよい」という考え方が、植松容疑者だけでなく、社会を構成している私たちの心の中にも植え付けられているのではないかということを気づかせてくれた。つまり、競争（弱肉強食）社会の中で無意識のうちにつくり出された差別意識や弱者切捨（排除）が、いじめや虐待という形で私たちの心にも宿っているのではないかということである。これまで入所施設で暮らし殺されたわが子の氏名すら公表しない（できない）の

は、その表れと言える。それ故にこそ、かけがえのない隣人を殺す
な！　命を守れ！　と、これからも言い続けていく必要がある。

[2]　事件発生後の2016年8月23日、厚生労働省が第2次補正予算に
入所施設（グループホームなども含む）の非常通報装置・防犯カメラ・
フェンスなどの設置・修繕費用として118億円を計上すると表明した
（補足1参照）。しかし、このような予算措置だけでは異常な殺意をもっ
た元施設職員（不審者）の侵入を防ぐことはできない。むしろ、この
ような施策は、これまで各施設が地道に行ってきた地域移行や施設の
解放化・地域化への取り組みと逆行しており、閉鎖施設がますます閉
鎖的となり、利用者個人のプライバシーが擁護されず、これまでのよ
うな職員中心の管理を強化するような体制づくりでしかない。今回厚
生労働省が行った対応措置は、従来から行われてきた施設利用者の無
断外出や逃亡を防ぐための対策と同じ類のものであり、その対策を強
化することにもなるからである。
　したがって、118億円の第2次補正予算は、脱施設化や地域生活支
援の充実にこそ使われるべきである。時代に逆行するこのような施策
を神奈川県は行うべきではない。60億円〜80億円もかけ、30年も
40年も建て替えないですむ砦のような堅牢な建造物を造るべきでは
ない。堅牢な砦の中に全個室の小集団・ユニット方式の建物を造って
も意味はない。砦の中での地域住民との交流にも限界がある。つまり、
「現在地での全面的な建て替え」「全個室・ユニット方式」では意味が
ない（補足2参照）のである。津久井やまゆり園再生に向けた構想は、
障害当事者の視点に立って検討すべきなのである。

補足1：2016（平成28）年度厚生労働省第二次補正予算の概要

総額　5,698億円

内訳

第1　一億総活躍社会の実現の加速　　　　　　　　4,477 億円

（1）安心して子どもを産み育てられる環境の整備　　626 億円

（2）介護人材の確保、介護離職防止の推進等　　　　166 億円

　　障害福祉サービス等の基盤の整備推進、防犯対策の強化

　　　　　　　　　　　　　　　　　　　　　　　　118 億円

　　　　（障害者等のグループホームや就労支援事業所等の

　　整備に要する費用について、補助を行う。

　　　　また、障害者支援施設等の防犯対策を強化するため、

　　非常通報装置・防犯カメラの設置や外構等の設置・修

　　繕などの必要な安全対策に要する費用について、補助

　　を行う。）

（3）社会全体の所得と消費の底上げや働き方改革の実現　3,685 億円

第2　21 世紀型のインフラ整備　　　　　　　　　　127 億円

第3　英国の EU 離脱に伴うリスクへの対応や中小企業、地

　　　方等の支援　　　　　　　　　　　　　　　　　406 億円

第4　熊本地震や東日本大震災からの復興や防災対応の強化

　　　　　　　　　　　　　　　　　　　　　　　1,033 億円

補足2：2017（平成 29）年1月6日　神奈川県「津久井やまゆり園再生
　　　基本構想策定に向けた現時点での県としての基本的な考え方」

1　再生の基本理念

　　津久井やまゆり園を現在地で再生することによって、事件に決し
て屈することなく「ともに生きる社会かながわ」の実現を目指すと
いう強いメッセージをこの神奈川から発信します。

・現在地での全面的な建替えによって、事件を風化させることなく、
　事件の凄惨なイメージを払拭し、再生のシンボルとして、利用者

の人権に配慮しながら、安全・安心で暮らしやすい新しい園を創ります。

・利用者が、地域生活移行を含めた将来の自立を目指せる園とするとともに、地域で生活する障がい者とご家族の生活を支援します。

・地域住民の皆さまとの交流を一層深め、園や地域で生活する障がい者への理解を促進します。

（留意点：略）

2　再生コンセプト

(1)　人権の配慮と安全管理体制の確立

ア　再生のシンボル

・今回の事件を風化させることなく、「ともに生きる社会かながわ」の実現を目指す県民の決意を表す施設とします。

　　この施設そのものが、新たな「津久井やまゆり園」の再生のシンボルであり、園の利用者と支援する人々との交流の場として活用していきます。

イ　利用者の人権に配慮した居室の個室化

・現状では主に2人部屋である居室を、全て個室にし、利用者のプライバシーを確保します。

ウ　侵入及び被害拡大の防止

・津久井やまゆり園事件検証委員会報告書を踏まえ、防犯ガラスの取付けや、警備会社と連動したセンサー付き防犯カメラ、周囲に異常を知らせる防犯ブザーなど、防犯機器の活用を行います。

（他内容2点：略）

エ　安全・安心に配慮した居室等の配置（内容2点：略）

(2)　生活環境等の充実と地域生活移行

ア　利用者のプライバシーの確保及び家庭的な環境の整備

　・現状では主に２人部屋である居室を、全て個室にし、利用者の
　　プライバシーを確保します。

　・現状１ユニット 20 人のユニットを 10 ～ 12 人程度に小規模化
　　することで、より家庭的な雰囲気のある生活環境の醸成を図り
　　ます。

　　イ　地域生活移行の促進と地域で生活する障がい者への支援（内
　　　容２点：略）

　（3）地域との交流の一層の促進（内容４点：略）

　3　建物イメージ

　（1）建物イメージ図（略）

　（2）配置図（現況配置図、構想配置プラン）（略）

[3] 障害者殺傷事件１カ月後に行われたＮＨＫの緊急調査[2]で、アンケー
　ト回答者の多くが「積み上げてきた障害者施策を後退させてはならな
　い」と記していた。それは、どんなに重い障害のある人たちも地域で
　あたり前に暮らしたい、他の人たちと共に手を携えて生きていきたい
　と望んでおり、「共生社会」を共に実現させていきたいという共通の
　思いから出た回答だったように思う。つまり、「地域であたり前に共
　に生きて行くためには、障害のある人とない人が出会い、学び、理解
　し合える環境づくり」や「学校教育を通して共に学び」「生活の場を
　共有することを通して共に支え合い」「日中活動や働く場・余暇活動
　等を通して障害のある人たちの生き生きした姿に触れ合い・理解し合
　うこと」が必要であり、このような共生社会の実現に向けた動きこそ
　が障害者大量殺傷の抑止につながるのではないかということである。

[4] 今回の障害者殺傷事件を受け、逆に、共生社会が可能となるような

社会的支援のあり方や施設の小規模化・脱施設化・地域生活化をはじめとする障害者施策や施設のあり方が問われてくる。脱施設化・地域生活支援のための人材確保や人材の育成も求められてくる。そもそも脱施設化が進み地域生活支援策が充実し、地域住民の理解が進んでいれば、住民相互協力と監視機能が働き、今回のような入所施設における障害者大量殺傷事件はなかったのかもしれないのである。

第2節 「現在地での全面的な建替え」「全個室・ユニット方式」への疑問と評価

第1節の4点の整理(2)の補足2で示した神奈川県が2017年1月6日に出した「津久井やまゆり園再生基本構想策定に向けた現時点での県としての基本的な考え方」は、津久井やまゆり園の保護者・職員からの強い要望で出されたものである。被害に遭われた方々やその関係者の心情を慮った対応だったと思われるが、「1 再生の基本理念」に「現在地での全面的な建替えによって、事件を風化させることなく、事件の凄惨なイメージを払拭し、再生のシンボルとして、利用者の人権に配慮しながら、安全・安心で暮らしやすい新しい園を創ります」と高らかに謳われている。「現在地での全面的な建替え」とは、130人規模の新設の入所施設にするということである。そして、利用者の「地域生活移行」を進め、「地域生活」を支援し、「地域交流」を深め、「障がい者理解」の促進を図るとしている。

130人規模の入所施設は、障害のある人たちが暮らし、働き、余暇活動の拠点とする「村」である。道路沿いに民家が立ち並び、施設の正門を右手に見ると左手は小高い山（小倉山）が連なり、施設の裏側は相模川が流れる自然豊かな地である。この施設には大勢の重度知的障害者が暮らし、近在の人たちの多くが職員（支援者）として働いている。施設

入居者たちは、自ら望んで（自らの意思で）この地に来たわけではない。家族の都合により、やむなく暮らすようになり、いつの間にか長い年月をこの地のこの施設で暮らすことになってしまったのである。ここでしか暮らせなくなってしまったのである。

　「事件を風化させることなく、事件の凄惨なイメージを払拭し、再生のシンボルとして」「地域生活移行を含めた将来の自立を目指せる園とする」「地域で生活する障がい者とご家族の生活を支援」「地域住民の皆さまとの交流を一層深め」「障がい者への理解を促進」という聞こえのよい理念の下、本当に「利用者の人権に配慮しながら、安全・安心で暮らしやすい新しい園」を創っていくことができるのだろうか。このような問いかけをしながら、以下、「なぜ現在地での全面的な建替えでは意味がないのか」、さらには、入所施設の中に用意される「全個室・ユニット方式」では意味がないのかを見ていくことにする。

　元入所施設職員として12年間入所施設で働いていた当時を思い返してみると、恵まれた労働環境で働いていた私たちと管理された不自由な生活の中で暮らさざるを得なかった施設利用者とのギャップに気づかされる。入所施設でやむなく不自由な生活を強いられていた利用者の暮らしの実態に気づかされ、改めて心を痛めてしまう。当時筆者自身が書いたものや知人たちが書き送ってくれたものを紹介しながら、入所施設の実態を振り返ってみよう。

　筆者が勤務していたのは、当時「東洋一」（多額の税金を投入して建て、運営してきた入所施設で、素晴らしい設備と豊富な人材も確保していた）ともてはやされた、相模原の障害者支援施設と質的に似通った重度・最重度知的障害児入所施設であった（児童施設として設置されたが18歳以上の人たちも多数入居していた）。この入所施設のことを、筆者は、当時、次のように記していた。

「私達は親元からはなれた子ども達に本当に温かい接し方をしているだろうか。同じ人間として、同じ仲間として、子ども達がＡ施設で本当に幸せな生活が送れるような環境を少しでも提供してあげることができているだろうか。私達は24時間体制の中で、8時間勤務という限られた時間の中で一生懸命（？）仕事をし、子ども達の生活を豊かにするという仕事を負わされている。自分たちの生活をも豊かにし、生活を守るという意味も含めて。しかし、どんなに努力しても、私達の思いは何故か子ども達に伝わっていかないような歯がゆさを感じている。いや、むしろ、切りすててしまっているのが現実なのではないだろうか。（中略）施設生活は、子ども達にとって決してバラ色ではないような気がする。[3]」

　また、知人たちは、（この施設は）「棟内に色もなく緑もない、自分の空間もない。ここは人間の住むに相応しいところでしょうか。」(1996年1月、Ｎ氏)「あんな殺風景な部屋で、まるで動物園のように」(1996年10月、Ｍ氏)、とこの施設に対する率直な思い[4]を語っていた。筆者がこの施設を退職して30年以上が経ち、隣接地（といっても同じ敷地内）に新たに成人用障害者支援施設を開所し、この施設は福祉型障害児入所施設として新たなスタートを切ったようだが、施設規模が大幅に縮小したとか、施設処遇の質が他の施設と比べて良くなったという話は聞かない。

　さらに、2000年頃だったように思うが、筆者は、研究者仲間数人と共に地域移行を積極的に推し進めているある自治体の入所施設を訪問し、2日間にわたって生活体験を行ったことがある。現場に身を置き、客観的な立場で利用者の生活の実態を観察するというものだった。生活体験は記録に残したが、記述内容は、どれも似通っており、生活面での改革を求める厳しい指摘となっていた。筆者たちが目にした利用者の入所

第6章　障害者殺傷事件を二度と起こさないようにするための方策と評価1　111

施設での暮らしは、プライバシーが欠如し、人間らしい生活とは程遠く、人間としての尊厳が保たれているとは言えないものだったからである。地域移行が他の入所施設よりどんなに進んでいようとも、入所部門では旧態依然とした私たちが敬遠する非人間的な生活が続き、様々な問題や課題が現出していた。

　別の入所施設で暮らしたことのある障害当事者が、入所施設での生活の様子を次のように語っている。

　　「管理だらけの生活は、刑務所みたいだった。ずっと社会に出てみたかったけど、職員に『自分では何もできないでしょ』『自分でできるようになってから』と、反対されつづけた。[5]」

　2010年には、キリスト教信徒夫妻の思想と事業姿勢に共感した人たちの手によって創設された民間社会事業団体の定員50人の入所更生施設に調査に入ったことがある。その時の調査結果を、次のように記した。

　　「施設中央の入口には鍵がかかっていた。50人は4棟独立型の各小舎に分かれて生活しており、各小舎へは自由に出入りができるようになっていた。しかし、中央の入口を通らないと外には出られない仕組みになっていた。各小舎は、概ね2〜3人共有の部屋となっていた。各小舎の運営は各小舎毎になされているのではなく、全体調整の中で職員体制を決めて対応し（中略）小舎制の利点が十分に活かされていないように思えた。そのせいか、利用者は皆生気がないように見えた。（中略）昼食時も、職員が少なかったためか、楽しい食事時の光景というよりは、殺風景な食事風景で、職員の対応に指示的・管理的な要素が見られた。[6]」

上記施設には、20 人定員の障害者支援施設（児童部）と 30 人定員の障害者支援施設（成人部）も併設されており、次のような実態だった。

　（どちらも）「法人初の全個室、5 ～ 6 人からなるユニット方式を採用していた。一人ひとりのプライバシーを守り、その人らしい生活を保障するために作られた新しいタイプの居住施設だった。しかし、職員配置が不十分なためか、利用者との関わりがあまり見られず、職員は雑用をこなすことに終始しているように見えた。また、利用者は依然として職員の管理下におかれているようにも見えた。さらに、大多数の利用者が何もすることがないかのごとく、無気力で、廊下をウロウロし、自由時間を有意義に過ごしているようには思えなかった。また、エネルギーにあふれる利用者が多い児童部では、管理を余儀なくされ、職員が絶えずストレスを抱えている様子が垣間見られた。総じてユニット方式故の問題と課題が表面化し、利用者への関わりの薄さ、職員の目が十分に行きとどいていない実態が垣間見られていた。[7]」

　上記３施設／社会事業団体の取り組みを具体的点検指標にあてはめてみると、次のような結果となっていることが分かった。３施設／社会事業団体の取り組みは、いずれも

①取り組みの可視化がなされているとは言い難かった
②各施設で暮らし働いてはいるものの、社会の一員として活動できているとは言い難かった。
③各施設の利用者は、自由で、変化のある暮らしや働きや活動をしているとは言い難かった。
④各施設の利用者は、地域で役割や期待をもって暮らし、働き、活動しているとは言い難かった。

⑤社会との関係がもて、自律的な暮らし、働き、活動をしているとは
　言い難かった。
⑥利用者の意思が尊重され、平等だとは言い難かった。

　具体的点検指標に沿って行われる評価結果を一言で言えば、入所施設
では人権が保障されにくく、入所施設が豊かな暮らしの場とはなってい
なかったということである。つまり、当初神奈川県が示した「津久井や
まゆり園再生基本構想策定に向けた現時点での県としての基本的な考え
方」（2017年1月6日）の「現在地での全面的な建替え」だけでなく、「全
個室・ユニット方式」にしても、入所施設がもつ構造的問題を改善する
ことはできないということである。

注
1）河東田博・編集代表『福祉先進国における脱施設化と地域生活支援』現代書
　館、2007年、149-150頁。
2）ＮＨＫ報道局社会部が2016年8月24日に行った「相模原市で起きた傷殺事
　件をうけたＮＨＫ緊急調査」のことで、同年8月26日のＮＨＫ総合テレビ各
　種ニュースで取り上げられた。
3）河東田博「子ども達にとって施設での生活とは？（その1）」『環』No.41, 東
　村山福祉園・福祉を考える会　1978年11月19日、1頁。
4）Ｎ氏、Ｍ氏共、筆者が働いていたＡ施設に招かれて講演をした方たちである。
5）ピープルファースト東久留米『知的障害者が入所施設ではなく地域で暮らす
　ための本—当事者と支援者のためのマニュアル』生活書院、2007年、4頁。
6）河東田博『脱施設化と地域生活支援：スウェーデンと日本』現代書館、2013
　年、118頁。
7）同上書、119頁。

第7章

障害者殺傷事件を二度と起こさないように
するための方策と評価 2

──津久井やまゆり園再生基本構想策定部会「検討結果報告書」
＆神奈川県「津久井やまゆり園再生基本構想」の評価──

第1節　事件発生から神奈川県「津久井やまゆり園再生基本
構想」策定までの経緯

　神奈川県のホームページ上で^{注1)}「津久井やまゆり園の再生に向けた取組み」を次のように示している。時系列に沿って、筆者なりに要約し、紹介しておこう。

2016 年

7月26日　早朝　殺傷事件発生（利用者 19 人 死亡、利用者 27 人 重軽傷）

7月26日　10 時　事件を受け記者会見。知事コメントを発表

7月26日　午後　知事が園に駆けつけ、指定管理者であるかながわ共
　　　　　　　　同会の理事長及び施設幹部から状況説明を受けるとともに、
　　　　　　　　家族会会長と面会。

7月26日　厚生労働省から施設における安全の確保について通知。県
　　　　　　　　として障害福祉課、高齢福祉課、生活援護課、人権男女共同
　　　　　　　　参画課、次世代育成課及び子ども家庭課より、施設における
　　　　　　　　安全管理の徹底について所管施設に対して通知。今後、詳細

について事実確認を行い、再発防止策を検討。

7月29日　家族、施設職員、利用者等のこころのケアの支援を行うため、県及び相模原市の精神保健福祉センターの医師、福祉職等を派遣する体制を整えた。

8月11日　知事が津久井やまゆり園を訪れ、事件のあったホームや、入所者の状況を確認するとともに、職員から現在の様子を伺った。また、今後の園の再生に向けて、指定管理者であるかながわ共同会の理事長や園長、みどり会（家族会）の会長と意見を交わした。

8月26日　津久井やまゆり園事件に関するコメント

8月31日　津久井やまゆり園入所者の移動に関するコメント

9月12日　津久井やまゆり園家族会及びかながわ共同会から要望書を受領

9月13日　津久井やまゆり園事件検証委員会を設置

9月23日　津久井やまゆり園の再生に向けた大きな方向性について（記者発表）
（骨子）・現在地での全面的建替え

10月14日　「ともに生きる社会かながわ憲章」を策定
　　　　　一私たちは、あたたかい心をもって、すべての人のいのちを大切にします
　　　　　一私たちは、誰もがその人らしく暮らすことのできる地域社会を実現します
　　　　　一私たちは、障がい者の社会への参加を妨げるあらゆる壁、いかなる偏見や差別も排除します
　　　　　一私たちは、この憲章の実現に向けて、県民総ぐるみで取り組みます

11月25日　津久井やまゆり園事件検証委員会から報告書を受領

12月8日　相模原市の障害者支援施設における事件の検証及び再発防止策検討チームの「報告書～再発防止策の提言～」についてのコメント

2017年

1月6日　津久井やまゆり園再生基本構想に向けた現時点での県としての基本的な考え方を提示

　　　　（骨子）・現在地での全面的な建替え

　　　　　　　　・利用者等の地域生活支援

　　　　　　　　・地域との交流の一層の促進

1月10日　津久井やまゆり園再生基本構想に関するヒアリング（公聴会）

1月27日　津久井やまゆり園再生基本構想策定に向けた今後の進め方について

1月27日　津久井やまゆり園再生基本構想について知事からのメッセージ

　　　　・神奈川県障害者施策審議会において、基本構想策定に関する部会を設け、家族会や政令市、障がい者団体等から、適宜、ご意見をいただきながら、専門的な見地から検討していただきます。

　　　　・部会での検討結果を受け、県としての基本構想(案)を作成し、家族会、地域住民及び障がい者団体等に説明し、県議会に報告した上で、夏頃を目途に基本構想を策定する予定です。

　　　　・また、入所者本人の意思確認については、どのような形で行うのが良いのか、早期に検討していきます。

2月3日　津久井やまゆり園再生基本構想策定に関する部会の設置

　　　　「今後の進め方、スケジュール（案）」提示

2月3日［審議会開催］意見聴取、部会設置の承認

2月中旬　地域住民対象の説明会を開催

2月〜5月　部会検討

（想定される論点）

・県立施設としての必要性・適切な規模（定員）

・地域生活移行の促進策・建物の構造、配置等

・入所者本人への意思確認

（現地調査）

・津久井やまゆり園の施設運営・利用者支援の実態把握

6月上旬〜　県として基本構想（案）を作成・公表

→［審議会開催］基本構想（案）を説明

→［障がい者団体等・地域住民説明］基本構想（案）に関する説明会を開催

→［県議会厚生常任委員会］基本構想（案）を報告

夏頃　　　　基本構想策定

2月24日　横浜地方検察庁が、津久井やまゆり園事件の被疑者である植松聖を、殺人罪などで起訴したとの発表があり、知事がコメントした。

3月30日　知事が津久井やまゆり園を訪問、現況確認

4月5日・21日

津久井やまゆり園利用者の移転（津久井やまゆり園利用者が、芹が谷園舎・横浜市港南区芹が谷に）

4月24日　知事が津久井やまゆり園芹が谷園舎を訪問

7月24日　津久井やまゆり園事件追悼式

7月26日　事件から1年：知事が津久井やまゆり園を訪問し、献花・

黙祷を行った。また、同園から「ともに生きる社会かながわ」
の実現に向けたメッセージを発信した。

8月17日　津久井やまゆり園再生基本構想策定に関する部会検討結果
　　　　　報告書を受領

8月24日　津久井やまゆり園再生基本構想（案）について

　　　　　神奈川県障害者施策審議会から提出された部会検討結果報
　　　　告書の内容を尊重し、津久井やまゆり園再生基本構想（案）
　　　　を取りまとめ、8月24日に開催した「津久井やまゆり園事件
　　　　再発防止対策・再生本部」において決定した。

　　　　　今後、この基本構想（案）について、利用者のご家族、地
　　　　域住民及び障がい者団体等に説明し、議会に報告した上で、
　　　　基本構想を策定する。

9月11日　津久井やまゆり園家族会から要望書を受領

10月14日　津久井やまゆり園再生基本構想の策定、知事の訪問説明

第2節　「津久井やまゆり園再生基本構想」策定への黒岩祐治　　　　　神奈川県知事の想い

　神奈川県は、津久井やまゆり園で利用者が多数殺傷された事件発生を
受けて、1年3カ月で「津久井やまゆり園再生基本構想」の策定にこ
ぎ着けた。「再生基本構想」策定に至るまで、津久井やまゆり園関係者、
神奈川県、神奈川県障害者施策審議会津久井やまゆり園再生基本構想策
定に関する部会関係者、全国の、そして地元神奈川（相模原・横浜等）の
障害者関連団体、福祉事業者の直接的・間接的関わりがあっての成果
だったのではないだろうか。

　筆者は、ある雑誌が縁で黒岩祐治神奈川県知事にインタビューをさせ
ていただく機会があった。少々長くなるが、先頭に立って「津久井やま

ゆり園の再生に向けた取組み」を行ってこられた黒岩知事の歩みや想い
を把握するために紹介（引用）してみよう。

インタビュー：黒岩祐治神奈川県知事 （聞き手・河東田博[2]）

　昨年7月26日に起きた神奈川県相模原市の津久井やまゆり園での
痛ましい事件を聞き、かつて重度知的障害児入所施設で働いていた私
にとっては我が身を切る想いでした。神奈川県では事件後の津久井や
まゆり園をどう再生するかの検討を行ってきましたが、このほど「意
思決定支援」「小規模・分散化」「地域移行」を柱とする再生基本構想
をまとめました。この間のリーダーシップを取ってこられた黒岩知事
にお話を伺いました。

**――なぜ、やまゆり園の事件が起きたのか。改めてあの時を思い
出しながら、知事の率直なお考えをお聞かせください。**
黒岩知事：特異な事件で、なぜというのはなかなか分かりません。し
かし犯行をした人物の特異性、「障害者はいなくなったほうがいい」
という明らかに間違った考え、独善的な思い込みで行ったことだけは
指摘できます。しかも普段から障害者の皆さんに接していた元職員が、
なぜそういうことを思い実行したのか、私には到底理解できません。
なぜ彼が犯行に至ったのかは全く謎です。
　事件の第一報を聞いたとき、既に多くの死亡者が出ており信じられ
ない想いでしたが、事件対応への態勢を整え、すぐ記者会見を開きま
した。すぐ現場にも行きました。現場を見て、信じられないとしか言
いようがありませんでした。

――事件の後処理についてもお教えください。
黒岩知事：現場に行くと、かながわ共同会の職員とともに家族会の方

にお目にかかりました。私は、「県の施設で悲惨な事件が起きてしまい申し訳ありません。今後原因の究明と再発防止に努めていきます」と家族会の方に謝罪をしました。

　警察の捜査が終わった段階で、再び現地に行きました。今度は中に入って現場を見せてもらいました。私の事件記者時代にも見たことがないような、悲惨な現場でした。施設内に延々と血痕があり、所々に大量の血の海が残っていました。

　入所者の皆さんは、体育館に集められてケアが継続されていました。そこで驚いたのは、入所者の皆さんに笑顔があふれていたことでした。職員の皆さんが入所者の皆さんを不安にさせないように従来どおりのケアを続けていたのです。しかし、思いを聞いてみると、「一杯いっぱいです」「限界です」と言っていました。職員の皆さんへのケアの態勢を整えることや施設のあり方についても考えなければなりませんでした。家族会の皆さんに意見をとりまとめてほしいとお願いしました。やがて職員や家族会の皆さんから、「現地で全面建て替えをしてほしい」という要望が出されました。凄惨な事件の現場でしたので、やむを得ないと思い、現地での全面建て替えという方針を決断しました。

―― 昨年10月14日に、「ともに生きる社会かながわ憲章」が制定されました。その中に、「誰もがその人らしく暮らすことのできる地域社会を実現します」と記されています。この言葉にどのような想いを込められたのか、お聞かせください。

黒岩知事：「誰もがその人らしく暮らすことのできる地域社会」という言葉どおりだと思います。特別な社会で暮らすのではなく、地域社会の中で地元の皆さんと共に生きていく、誰もが同じように自然に好きな形で生きていく、ということです。

第7章　障害者殺傷事件を二度と起こさないようにするための方策と評価2　121

——「現地で全面的な建替え」という当初案と「地域社会で誰もがともに暮らす」いう憲章の考え方との間には、大きな開きがあったように思いますが、いかがでしょうか。

黒岩知事：私には早く原状復帰しなければいけないという気持ちが強くありましたので、新しい方向性をいち早く打ち出しました。家族会の皆さんの中には、地域の皆さんに非常によくしてもらっており、この地域から離れたくないと言われた方もいました。そのためその時は、大型施設でも、地域で共に生きていくことが実現されていると思ったわけです。

——９月に全面建替えの方針を打ち出し、本年１月に改めて検討し直す決断をされたわけですが、その時の知事の想い、どうしてそのような想いになられたのか、お聞かせください。

黒岩知事：最初に現地での建て替えを打ち出したときに、家族会の方は涙を流して喜ばれました。その時どこからも反発の声がありませんでしたので、私は建て替えるしかないと思って進んできたわけです。数カ月たって、突然、「大型入所施設は『時代錯誤』だ」「地域生活移行で小規模にすべきだ」「入所者の意思も確認すべきだ」という声が上がり、お叱りを受けました。私は、非常にとまどいました。

　私が入所者の皆さんにお会いした際、皆さんの意思を確認するのは大変難しいと思いました。入所者の意思を確認するのが難しいなら、一番分かっているご家族の方の要望を受けて動く必要があると考えました。しかし、入所者の意見と家族の意見は必ずしも同じではないと指摘され、突然議論が原点に戻ってしまいました。

　それまでの間に「ともに生きる社会かながわ憲章」を策定するなど、「ともに生きる」取組みを行ってきました。ともに生きる社会を実現

させるためには、皆さんの意見を聞いて、皆さんが納得できる形で進めていくことが大事であろうと考えました。そこで、県の障害者施策審議会の中に専門の部会を設けて、専門家の皆さんに更なる検討をお願いしました。

　部会では、大規模施設を建て替えて元の生活を取り戻すべきという意見と、小規模化・地域生活移行を進めていくべきだという意見が出され、両者の意見が並行したまま推移しました。部会から、「（千木良地区・芹が谷地区を主な拠点とする）小規模化・地域生活移行」「県が責任をもって130人の利用者全員の生活の場を確保」「利用者本人の意思の丁寧な確認」という内容の報告書をいただきましたので、その内容を踏まえ県としての基本構想案を取りまとめました。この案について、家族会の皆さんや地域の方々、関係団体の方々に説明し、議会でもご議論いただき、県の施策として「津久井やまゆり園再生基本構想」を策定しました。

——「現地での全面建替え」から「小規模化」等に大きく舵を切ったときの知事の想いをお聞かせください。

黒岩知事：知事として一度方針を打ち出したものを検討し直したら全く違う結論になってしまいました。これは、政策の撤回であり、私としては大変辛いことでした。家族会の皆さんの期待を裏切ることになってしまったからです。

　最終方針がまとまった段階で、私は、家族会の皆さんに県として謝罪をしました。幸いなことに、家族会の皆さんはしっかり受け入れてくださいました。反対意見は何も出てきませんでした。むしろ感謝の言葉をいただき、とても救われました。方針をしっかり形にするようにと釘も刺されました。本当にありがたいことでした。激しい意見の対立はありましたが、一つにまとまり再スタートすることができまし

第7章　障害者殺傷事件を二度と起こさないようにするための方策と評価2　123

た。

　これまでずっと「福祉先進県神奈川」という言葉にこだわりをもっていました。というのは、私が知事になってから、「かつて神奈川は福祉先進県だった」という言葉を何度か耳にしたことがあったからです。私にはどういう意味かよく分かりませんでした。しかし、今回の再生基本構想策定のプロセスを「福祉先進県神奈川」を取り戻すきっかけにしたいという気持ちで、職員が一丸となって頑張ってやってきたことだけは間違いないと思います。その結果が、「津久井やまゆり園再生基本構想」だと思います。

　今後、この神奈川県で、より家庭的な雰囲気の中で、そこを終の棲家とするのではなく、お一人おひとりの意思確認を徹底して行いながら地域生活にも移行していける流れを新しい障害者福祉のモデルとしてつくり、「福祉先進県神奈川」の名声を取り戻していきたいと想っています。

——今回示された「再生基本構想」は、他の自治体で進められている地域生活移行の取組みをはるかに超える内容で、このモデルが具現化されれば、全国の自治体に大きな影響を与えていくことと想います。「神奈川モデル」に対するメッセージを頂ければと想います。

黒岩知事：今回まとめたのは、津久井やまゆり園をどうするかというものです。とても難渋しましたが、県の方針決定に至る様々なプロセスを通して、みんなが納得するものができ上がったのではないかと想っています。大変貴重なものができ上がったと想います。その意味で、この論議のプロセスと結果は、単に津久井やまゆり園のものだけではなく、神奈川県内の障害者福祉の在り方に関わる議論の基になっていくものと確信しております。

大変辛い悲惨な事件への想いを県民の皆さんと共有し、「再生基本構想」で示した「小規模化・地域生活移行」「（入所者の）意思の丁寧な確認」の作業を、「神奈川モデル」として全国に発信していきたいと考えています。

　——入所者の皆さんは、やまゆり園で長い間生活を送ってこられ、施設生活になれた状態で意思決定せよと言われても、とても難しいことです。地域生活を送りながら、意思決定を求めるという方法もあると思うのですが、いかがでしょうか。

黒岩知事：その通りだと思います。ご本人たちは、津久井やまゆり園での生活しかご存じないのです。選択肢をもっていらっしゃらない。小規模化・地域生活移行と言っても、それがどういう意味なのかも分からない、経験していないですから。ご家族も分かりません。また、新しいことに挑戦することへの不安が先に立ってしまいます。従って、例えばグループホームに一回行って見ていただいて、一人ひとりに合わせた対応をしていかなければなりません。グループホームでの生活を体験するなど、いろいろなことが考えられます。そのうえで、自分の生活の場を選んでいただこうと考えています。

　—— ご多忙の中お時間を頂戴し、誠にありがとうございました。「津久井やまゆり園再生基本構想」が、日本の障害者福祉の在り方に大きな影響を与え、誰もが地域で共に生きていくことができるようになることを願っております。

　インタビューは、あらかじめ神奈川県知事秘書室を通して質問内容を求められており、出版社（雑誌編集部）との間で次のような質問内容が交わされた後でのインタビューだった。

第7章　障害者殺傷事件を二度と起こさないようにするための方策と評価2　125

1．事件発生後の混乱の中、知事がどのような想いで対応されてきたのか。9月23日、現在地でのやまゆり園の全面的な建替えという再生に向けた方向性を発表するまでの2カ月間の対応の中で、基本にされてきたことは何か。

2．その後、平成29年1月の公聴会で、障害当事者やその家族、福祉事業者、有識者など幅広い県民の意見を聞いて、当初の「現在地での同規模の施設再建」構想を見直す重い決断をされたわけですが、その時の知事の想い。

3．8月24日に新たに発表された構想案は、約2年間かけて入所者の意思を確認し、小規模・分散化した入所施設を整備、一方で地域移行を進めるとされており、具体的には県の担当部署が詰めていかれることと存じます。重い知的障害のある人の意思をどのように確認していくか、その在り方やプロセスの検証に関しまして、知事がお考えになっていることをお聞かせください。

あらかじめ質問内容が設定されているのであれば、インタビュアーは筆者でなくともよかったはずなのに、という思いをもちながら雑誌編集部の編集者と共に神奈川県庁知事室に出向いた。割り切れない思いを抱いたままインタビューに臨み、上記のようなインタビューを行った。インタビューの最後の〈インタビューを終えて〉の部分に、筆者の思いを感想として記してもよいとのことだった。そこで、次のように記した。

「福祉先進国では、入所施設をなくし、地域生活支援策を充実させてきています。今回示された『やまゆり園再生基本構想』は、福祉先進国のような入所施設解体・地域生活支援モデルとなり得るのでしょうか。

神奈川モデルは、入所施設をベースとした小規模・地域分散化であり、専門性の高い支援・防犯体制の強化という名の新たな管理強化につながる懸念がもたれています。また、徹底した本人意思の尊重／確認という新たな実践課題も含まれており、今後も多くの困難が伴うことが予想されます。これらの問題や課題を乗り越えた先に、本当の意味での先進的な神奈川モデルが出来上がっていくように想います。」

　しかし、「神奈川モデルは、入所施設をベースとした小規模・地域分散化であり、専門性の高い支援・防犯体制の強化という名の新たな管理強化につながる懸念がもたれています。」の部分はインタビュー時の質問になかったので削ってほしいと神奈川県から要請があり、三者（編集部－神奈川県－筆者）のやりとりがなされたが、最終的に折れざるを得なかった。なぜ筆者はこの文章を入れようとしたのかを次節で述べていくことにしよう。

第3節　神奈川県「津久井やまゆり園再生基本構想」の問題と課題

　神奈川県も神奈川県障害者施策審議会及び津久井やまゆり園再生基本構想策定に関する部会の各委員も、恐らく今考えることのできる最上の素晴らしい内容の「再生基本構想」を打ち立てたと考えていることだろう。その印に、やまゆり園家族会もやまゆり園を指定管理受託者として管理運営するかながわ共同会理事長をはじめとする現場管理者・職員も神奈川県が示した「津久井やまゆり園再生基本構想」に賛同の意を示した。しかし、この「再生基本構想」に問題や課題はないのだろうか。本節では、まず、当初の方針がどのように変化していったのかを、四つ（実質的には三つ）の指針・報告書等に基づいて見ていくことにしよう。なお、四つの指針・報告書等とは、以下のものである。

第7章　障害者殺傷事件を二度と起こさないようにするための方策と評価2　127

1．2016 年 9 月 23 日「津久井やまゆり園の再生に向けた大きな方向性
　について」

2．2017 年 1 月 6 日　「津久井やまゆり園再生基本構想に向けた現時点
　での県としての基本的な考え方」

3．2017 年 8 月 17 日「津久井やまゆり園再生基本構想策定に関する部
　会検討結果報告書（案）」

4．2017 年 10 月 14 日「津久井やまゆり園再生基本構想」の策定、知
　事の訪問説明

1．2016 年 9 月 23 日：「津久井やまゆり園の再生に向けた大きな方向性について」（以下「県当初案」）

1　施設の建替え・改修の大きな方向性

　現在地での全面的建替えとする。（居住棟 2 棟に管理棟も含めた建替え）

○主な理由

・居住棟の 8 ホーム中 6 ホームが凄惨な事件現場となり、また、管理
　棟も容疑者が侵入したことから、施設のほぼ全体に大量の血痕が付
　着するなどの甚大な被害が及んだため、施設の改修だけでは、職員
　や利用者が事件の記憶に捉われ、適切な支援を継続することが困難
　であると判断したこと。

・建替えを要望する家族会及びかながわ共同会の意向を反映できるこ
　と。

・主要な棟を全面的に建て替えることにより、建物配置・デザインの
　自由性が高まり、再生のシンボルとなる全く新しいイメージの建物
　とすることができ、神奈川からこの理不尽な事件に屈しないという
　強いメッセージを発信できること。

○概　要

  (1)　費用：約 60 〜 80 億円（概算）

  (2)　建替えのスケジュール：

    2016（平成 28）年度　　　　基本構想策定

    2017 〜 2018（平成29 〜 30)年度　設計（基本設計・実施設計）

    2019 〜 2020（平成 31 〜 32）年度　新築工事

2　建替えを行う間の利用者の仮居住先

  県立施設を活用することとする。

２．2017年 1 月 6 日：「津久井やまゆり園再生基本構想に向けた現時点での県としての基本的な考え方」(以下「県二次案」)

1　再生の基本理念（県が示した留意点）

・現在地での全面的な建替えによって、事件を風化させることなく、事件の凄惨なイメージを払拭し、再生のシンボルとして、利用者の人権に配慮しながら、安全・安心で暮らしやすい新しい園を創ります。（再生のシンボルとなる建物の建設）

・利用者が、地域生活移行を含めた将来の自立を目指せる園とするとともに、地域で生活する障がい者とご家族の生活を支援します。（利用者等の地域生活支援）

・地域住民の皆さまとの交流を一層深め、園や地域で生活する障がい者への理解を促進します。（地域との交流の一層の支援）

2　再生コンセプト

  (1)　人権の配慮と安全管理体制の確立

    ア　再生のシンボル

    イ　利用者の人権に配慮した居室の個室化

    ウ　侵入及び被害拡大の防止

    エ　安全・安心に配慮した居室等の配置

（2）生活環境等の充実と地域生活移行

　ア　利用者のプライバシーの確保及び家庭的な環境の整備

　　・全個室

　　・1ユニット10～12人程度に小規模化

　イ　地域生活移行の促進と地域で生活する障がい者への支援

（3）地域との交流の一層の促進

　　・管理棟・居住棟の出入口の管理の徹底（防犯対策の充実）と、地域交流の一層の促進。

　　・管理棟、体育館、プール、グラウンドなどを交流促進ゾーンとして位置付け、積極的に開放。

　　・管理棟に、利用者や地域住民の作品等を展示するなど、語らいの場、交流の場となるスペースを確保。

　　・園入口周辺の塀を撤去し、地域住民が出入りしやすくし、管理棟前の敷地でバザー等の催しができるようにする。

3　建物イメージ（略）

3．2017年8月17日：「津久井やまゆり園再生基本構想策定に関する部会　検討結果報告書」（以下「部会報告書」）

　12回にわたる審議の結果神奈川県障害者施策審議会津久井やまゆり園再生基本構想策定に関する部会から知事に提出された「部会報告書」は、「意思決定支援」、「安心して安全に生活できる場の確保」、「地域生活移行の促進」を柱とするもので、2017年8月17日に神奈川県障害者施策審議会で承認された。その後、8月24日の「津久井やまゆり園事件再発防止対策・再生本部」での承認後、利用者の家族、地域住民、障害者団体等に説明がなされ、議会にも報告された。

4．2017年10月14日：「津久井やまゆり園再生基本構想」（以下「再生基本構想」）

　「再生基本構想」は、神奈川県障害者施策審議会津久井やまゆり園再生基本構想策定に関する部会から知事に提出され、神奈川県下の各機関・県議会等の承認を得た「部会報告書」の内容を尊重し、「部会報告書」を加筆・修正の上、神奈川県が「津久井やまゆり園再生基本構想」として取りまとめたものである。したがって、本「再生基本構想」の内容は、細かな表記上の違いはあるものの、「部会報告書」の内容とほぼ同一と判断することができる。したがって、本稿では、「再生基本構想」の主要な点を紹介する。

　Ⅰ　基本的な考え方
　障害福祉施策においては、一人ひとりが大切にされ、どこで誰と生活するかの選択の機会が確保されていること、そして、本人の選択の結果を尊重し、可能な限り身近な場所で、日常生活又は社会生活を営むために必要な支援を受けられることが重要である。
　津久井やまゆり園利用者の今後の生活の場についても、利用者の選択の幅を広げ、かつ、その意思を可能な限り反映できるよう複数の選択肢を用意し、入所施設においても、また、地域での居住の場においても、一人ひとりがその人らしく暮らすことができる環境を提供することが必要である。
　　1　利用者の意思決定支援
　今後の生活の場の選択については、津久井やまゆり園利用者一人ひとりの意思を尊重すべきであり、その実現に向け、丁寧に、かつ、適切な手続きにより、利用者の意思決定支援に取り組む。
　　2　利用者が安心して安全に生活できる場の確保

（前略）まず、130 人のすべての利用者が安心して安全に生活できる入所施設の居室数を確保することを前提とする。

その上で、利用者本人の選択の幅を広げ、その意思を可能な限り反映できるよう複数の選択肢を用意する。

また、入所施設については、医療的ケアや強度行動障害へのケアなど専門性の高い入所支援機能に加え、短期入所や相談支援など、専門的支援力を活かして地域生活を支える拠点機能も充実強化を図る。

　3　利用者の地域生活移行の促進

地域生活への移行は、あくまでも利用者本人の意思に基づくものであり、決して強いられるものではなく、また、家庭への復帰を前提とするものでもない。

意思決定支援を進める中で、地域生活移行の希望が示された場合は、安心して地域生活を送ることができるよう、専門的支援の継続的な提供やグループホームの整備の促進などの支援に取り組む。

Ⅱ　津久井やまゆり園利用者の意思決定支援

津久井やまゆり園利用者一人ひとりには、それぞれに尊重されるべき意思がある。今後どのような暮らし、どのような支援を望むか、より丁寧に時間をかけて、かつ、適切な手続きにより、意思決定を支援する。

津久井やまゆり園利用者の意思決定支援については、厚生労働省から示された「障害福祉サービス等の提供に係る意思決定支援ガイドライン（平成 29 年 3 月 31 日付け厚生労働省社会・援護局障害保健福祉部長通知）」を参考に、以下のような手続きにより行うこととする（図 1「津久井やまゆり園利用者の意思決定支援の流れ」（略））。

　1　基本的な考え方

意思決定支援とは、自ら意思を決定することに困難を抱える障害者が、日常生活や社会生活に関して自らの意思が反映された生活を送ることができるように、可能な限り本人が自ら意思決定できるよう支援する仕組

みである。

　津久井やまゆり園利用者の意思決定支援に当たっては、以下の点を基本に手続きを進める。

○　本人への支援は、利用者一人ひとりの自己決定の尊重に基づき行うことが原則である。本人の自己決定にとって必要な情報の説明は、絵カードや具体物の活用、体験の機会の提供など、本人が理解できるよう工夫して行う。

○　本人の自己決定や意思確認が困難な場合は、本人の日常生活における表情、感情、行動に関する情報や、これまでの暮らしにおける様々な情報を把握し、根拠を明確にしながら、利用者一人ひとりの意思及び選好を推定する。

○　職員等の価値観からは不合理と思われる決定でも、他者への権利侵害がなければ、その選択を尊重する。

○　本人の意思を推定することがどうしても困難な場合は、本人にとっての最善の利益を判断する。その場合は、

　　・複数の選択肢について本人の立場に立って、メリット・デメリットを可能な限り挙げた上で比較検討すること

　　・一見、相反する二者択一が求められる場合でも、両立の可能性について十分に考慮し、本人の最善の利益を追求すること

　　・自由の制限を最小化することなどを考慮する。

○　意思決定支援を進める上では、サービスを提供している事業者だけでなく、幅広い関係者から、本人の立場に立った客観的な意見を求めるなど、多様な視点から本人の意思決定支援を進める。

　　2　意思決定支援の仕組みと手続き（詳細は略）

　（1）津久井やまゆり園職員による状況整理

　（2）意思決定支援チームの設置

　　チームの構成員

① 相談支援専門員（チーム責任者）

② 津久井やまゆり園支援担当職員

③ 津久井やまゆり園サービス管理責任者

④ 市町村障害福祉主管課職員

⑤ 県障害福祉主管課職員

（3）意思決定支援チームに対する研修の実施

（4）津久井やまゆり園利用者への説明や見学、体験の機会の提供

（5）家族等への説明や見学、体験の機会の提供

（6）利用者の意思の確認

　　利用者の意思の確認に当たっては、意思決定支援チームが利用者からヒアリングを実施する。ヒアリングは、必要に応じて、複数回実施するなど、丁寧に進める。

　　また、家族からは、入所に至るまでの生活の状況、帰宅中の様子、家族としての思い等についてヒアリングを行うなど、本人の意思決定支援に必要な情報収集を行う。

　　なお、ヒアリングは、利用者や家族、職員等に過度の負担が生じないよう配慮するとともに、地域生活移行又は施設入所を強いることがないよう進める。

（7）意思決定支援検討会議の設置

　　（前略）会議の構成員として、第三者の立場、専門家の立場からの意見を反映させるため、意思決定支援チームメンバーに加えて、意思決定支援専門アドバイザーを置く。意思決定支援専門アドバイザーは、相談支援に精通する実践的な指導者、法律の専門家、障害者の権利擁護・地域生活支援に関する専門家とする。

　　意思決定支援検討会議は、本人の明確な意思の確認が困難な場合には、本人の意思を推定する。

　　なお、意思決定支援検討会議は、利用者・家族等の出席を基本

とし、必要に応じ、関係事業者等の参加を可能とする。

(8) 意思決定支援検討会議の結果に基づく調整

(9) 検討方法及び検討結果の見直し

(10) その他の意思決定支援を推進するための取組み

Ⅲ　津久井やまゆり園利用者が安心して安全に生活できる場の確保

1　利用者の生活の場の確保（詳細は略）

(1) 利用者が安心して安全に生活できる居室数の確保

　　津久井やまゆり園利用者の今後の生活の場については、130人のすべての利用者が安心して安全に生活できる入所施設の居室数を確保することを前提とする。

(2) 施設の規模・場所

　ア　入所施設の小規模化

　　（前略）施設の規模についても小規模化を図り、施設全体の風通しを良くし、お互いに目が届きやすくする（後略）

　イ　複数の選択肢・地域生活支援の拠点化

　　（前略）利用者本人の選択の幅を広げ、かつ、その意思が可能な限り反映できるよう、複数の選択肢を用意することが必要である。

　　また、県立の入所施設に求められる機能は、医療的ケアや強度行動障害へのケアなど専門性の高い入所支援機能に加え、短期入所や相談支援など、専門的支援力を活かして地域生活を支える拠点機能が重要となっており、こうした機能を有する施設を複数箇所に整備することが求められている。

　ウ　千木良地域、芹が谷地域及び既存の県立障害者支援施設

　　（前略）千木良地域における入所施設に加え、利用者の仮居住先となっている芹が谷地域における入所施設の整備を進めるほか、既存の県立障害者支援施設においても、利用者の生活の場を確保

する。

このうち、千木良地域と芹が谷地域については、120 人分の利用者の居室数を確保し、これに短期入所 12 人分を加え、132 人分の居室数を確保する（11 人を一つの居住単位とする居住棟を 12 棟整備）。（後略）

［注：図 2 の「地域生活を支えるための拠点機能」には、千木良地域（入所枠 60 人・短期入所枠 6 人、計 66 人分の小規模入所施設）・芹が谷地域（入所枠 60 人・短期入所枠 6 人、計 66 人分の小規模入所施設）それぞれに、核となるセンター棟（日中活動の場・医療的ケア・地域生活支援拠点機能）・10 棟の小規模居住棟としてのコテージ（短期入所者分 1 人を含む 11 人）を配置し、将来的にはグループホーム等（強度行動障害のある人のためのグループホームも含む）に地域生活移行するとある。なお、グループホーム等への受入体制の強化は県が所管する。］

エ　入所定員の考え方

（前略）設計段階においては、千木良地域及び芹が谷地域いずれについても、意思決定支援の状況に応じて施設規模を選択できるように設計することとする。

（前略）なお、意思決定支援については、（中略）平成 29 年 9 月から意思決定支援チームによるヒアリングを開始しているところである。今後、概ね 2 年程度を経過した時点での利用者の選択の傾向を踏まえて、入所定員を判断する。

また、利用者の入所については、平成 33 年度から順次開始し、遅くとも同年度中にはすべての利用者の入所が完了できるよう努める。

オ　工事費用、工事期間の縮減（略）

カ　設置者及び運営主体（略）

キ　政令指定都市との役割分担の整理（略）

ク　地域生活移行の支援（略）
　(3)　将来的な施設のあり方（詳細は略）
　　ア　居室等の地域生活支援への転用・活用
　　イ　再入所の仕組みづくり
　　　地域生活に移行した津久井やまゆり園利用者について、再入所が必要になった場合には速やかに受け入れるなど、安心して地域生活に移行できる仕組みを構築する。
　　ウ　新規入所者の受入れ（略）
　2　専門性の高い多様なサービスの提供
　整備する施設の規模にかかわらず、医療的ケアや強度行動障害のある利用者への対応など、県立障害者支援施設としての専門性の高い入所支援機能は維持する。
　これに加え、短期入所や相談支援など専門的支援力を活かして地域生活を支える拠点機能についても充実強化を図る。（以下、項目のみ）
　(1)　入所施設としての専門性の高い支援の実施
　　ア　医療的ケアが必要な利用者への専門性の高い支援
　　イ　強度行動障害のある利用者等への専門性の高い支援
　(2)　生活環境
　(3)　日中活動の場
　(4)　地域生活を体験できる設備
　(5)　施設内外における地域との交流や協働
　(6)　外出・余暇支援の実現と充実
　(7)　安全への配慮
　(8)　地域生活支援の拠点としての専門性の高い支援
　　ア　短期入所機能の充実
　　イ　事業所支援（コンサルテーション）の機能
　　ウ　家族支援の機能

第7章　障害者殺傷事件を二度と起こさないようにするための方策と評価2　137

エ　相談支援の機能の充実及び近隣の他の多様な事業所との連携
Ⅳ　津久井やまゆり園利用者の地域生活移行の促進（詳細は略、項目のみ）
　地域生活への移行は、あくまでも利用者本人の意思に基づくものであり、決して強いられるものではなく、また、家庭への復帰を前提とするものでもない。
　津久井やまゆり園の利用者については、入所施設の居室数を確保した上で、意思決定支援により地域生活移行の希望が示された場合は、安心して地域生活を送ることができるよう、積極的な支援を行う。
　1　地域生活における専門的支援の継続的な提供
　2　グループホームの整備促進及び運営のバックアップ
　3　社会福祉法人等との連携

　以上を見てきて、「県当初案」「県二次案」「再生基本構想」（＝部会報告書）を概観してみると、神奈川県の姿勢に変化が見られ、各案の内容も深化してきていることが分かる。このような姿勢と内容の変化を次のように整理することができる。

　第1に、「県当初案」から「県二次案」への入所施設の在り方の質的変化である。「現在地での全面的な建替え」という入所施設中心の方針は変わらないものの、「① 施設のほぼ全体に甚大な被害が及んだため、② 建替えを要望する家族会及びかながわ共同会の意向を反映、③ 再生のシンボルとなる全く新しいイメージの建物」という「県当初案」から「① 人権の配慮と安全管理体制の確立、② 生活環境等の充実（全個室・1ユニット 10 ～ 12 人程度に小規模化）と地域生活移行、③ 地域との交流の一層の促進（防犯対策の充実・交流促進ゾーンの設置・開放、語らいの場・交流の場の設置・園入口周辺の塀の撤去等）という「再生コンセプトの具体化」を記した「県二次案」へと入所施設の在り方に質的な変化が見られ

ていることである。

　第2に、「県当初案」「県二次案」から「再生基本構想」（＝部会報告書）への入所施設の在り方の質的転換である。つまり、「130人のすべての利用者が安心して安全に生活できる入所施設の居室数を確保することを前提」とし、入所施設を2カ所に分散（各66人分：入所枠60人・短期入所枠6人、11人を一つの居住単位とする居住棟を12棟整備）させ、将来的に地域のグループホーム等（強度行動障害のある人のためのグループホームも含む）への地域生活移行を考えたのである。そのために、「再生基本構想」には、「意思決定支援」や「安心して安全に生活できる場の確保」、「地域生活移行の促進」を盛り込んだのである。一方で、「再生基本構想」の末尾で、「地域生活への移行は、あくまでも利用者本人の意思に基づくものであり、決して強いられるものではなく、また、家庭への復帰を前提とするものでもない。津久井やまゆり園の利用者については、入所施設の居室数を確保した上で、意思決定支援により地域生活移行の希望が示された場合は、安心して地域生活を送ることができるよう、積極的な支援を行う。」と強調し、「地域生活における専門的支援の継続的な提供」「グループホームの整備促進及び運営のバックアップ」「社会福祉法人等との連携」などの取り組みを進めるとした。

　こうした入所施設の在り方の大幅な質的転換は、「再生基本構想」の「はじめに」に記されているように、「現在地での全面的建替え」の神奈川県の方針（方向性）に対して、「時代に逆行する」など様々な意見が出され、「津久井やまゆり園再生基本構想策定に関する部会」（以下「部会」）が設置されたところから始まったと言える。部会は、障害者団体2人、福祉事業経験者等2人、学識者4人から成り、12回の会合（2017年2月27日〜2017年8月2日）がもたれた。12回の「部会」がどのような流れで行われたのか各回の「主な検討事項」を見てみよう。

第7章　障害者殺傷事件を二度と起こさないようにするための方策と評価2　139

第1回　2月27日　現地調査
第2回　3月 8日　意思決定支援について①
第3回　3月27日　意思決定支援について②
第4回　4月 7日　地域における受入状況の確認（横浜市内）
第5回　4月17日　地域における受入状況の確認（県所管域）県立施設
　　　　　　　　　の役割と津久井やまゆり園の位置づけ
第6回　4月27日　基本構想策定に向けた主な論点
第7回　5月17日　津久井やまゆり園家族会及び職員からの聴き取り
第8回　5月29日　地域住民からの聴き取り
第9回　6月14日　津久井やまゆり園の再生について①
第10回 7月 4日　津久井やまゆり園の再生について②
第11回 7月18日　部会検討結果報告書骨子（案）について
第12回 8月 2日　部会検討結果報告書（案）について

　通常5〜6回の会議でこの種の委員会（部会）は終了するのが常だ
が、現地視察、家族会及び職員・地域住民からの聴き取りを交え、半年
間12回の部会をもち、苦労しながら「部会検討結果報告書（案）」をま
とめ上げたことが分かる。家族会・職員代表は概ね「現在地での全面的
な建替え」を主張し、部会長を含む学識者は部会当初から「地域化・小
規模・分散化」を主張した。この主張の違いは、会議録を見る限り、部
会開催中終始見られ、議論は平行線をたどり、白熱した。
　7月4日に開催された第10回部会では、部会長から「施設分散化」
の提案が出され、白熱した議論が交わされたことが東京新聞に掲載され
ている。その一部を紹介してみよう。

　「やまゆり園の建て替えの規模について『四十〜六十人程度』とし
て入所者を複数の施設で受け入れる案が示されたが、『分割、分散あ

りきという議論がなじむのか』との反対意見も出た。

　会合では、部会長の堀江まゆみ白梅学園大教授が『全国で見ると、四十人程度が好ましい』と発言。現在、百三十一人の入所者が横浜市などの施設で一時的に生活しているが、建て替えたやまゆり園を含む県内全域で入所施設を確保し、分散させる案を示した。施設では、グループホームで生活するなど地域生活への移行を支援するという。

　委員からはおおむね賛同する意見が出たが、委員の一人は、家族会が元の施設に戻ることを要望していることを念頭に『（小規模化という）全国的な流れは理解できるが、事件を乗り越えてきた家族、職員、本人の気持ちを考えると戸惑いを覚える』と主張。建て替えの規模については、小規模施設と大規模施設の両論を併記するよう求めた。

　会合後、取材に応じた堀江部会長は『規模が大きくなればなるほど、支援の目が届きにくかったり管理的になったりする』と、小規模施設での再建の必要性をあらためて強調。その上で、『委員の皆さんと相談しながらどういう書き方になるか決めたい』と、両論併記に含みを持たせた。[3]」

　このように、部会では、家族会や職員からの要請を受けて神奈川県が示した「現在地での全面的建替え」ではなく、「地域化・小規模・分散化」の方向で議論が進められ、「部会検討結果報告書（案）」をまとめる段階で、「小規模施設と大規模施設の両論併記」に近い案が採用され、将来的に地域のグループホーム等（強度行動障害のある人のためのグループホームも含む）に移行（そのための「意思決定支援」や「安心して安全に生活できる場の確保」、「地域生活移行の促進」も含め）していくという「妥協の産物」（２カ所分散案）が「部会検討結果報告書（案）」として部会で承認されたのである（あくまでも推論だが）。

第７章　障害者殺傷事件を二度と起こさないようにするための方策と評価2　141

第3に、「県当初案」「県二次案」「再生基本構想」（＝部会報告書）の結論（神奈川県が家族会・職員の要望に沿おうとしたとしても、部会にとっては妥協の産物であったとしても、そして、部会長が主張するように40人規模程度の小規模施設であったとしても）は、いずれにしても「入所施設」だったという事実である。

第4に、津久井やまゆり園で暮らしていた人たちは、恐らく自分で望んで入所したわけではないということであり、長年施設に入所することによって今暮らしている施設（津久井やまゆり園）でしか暮らす場がなくなっていたということである。「再生基本構想」にあるように、「一人ひとりが大切にされ、どこで誰と生活するかの選択の機会」は保障されていなかったし、「本人の選択の結果を尊重し、可能な限り身近な場所で、日常生活又は社会生活を営むために必要な支援を受けられる」ようにはなっていなかったのである。長年単調な入所施設（津久井やまゆり園）での暮らしが続くことにより「選択の幅を広げ、かつ、その意思を可能な限り反映できるよう複数の選択肢を用意」されることもなく、「施設においても、また、地域での居住の場においても、一人ひとりがその人らしく暮らすことができる環境」が提供されることがなく今日に至ったのである。

第5に、「地域交流」と「専門的支援」「防犯体制の強化」についても言及しておく必要がある。先述したように、筆者が勤務していた入所施設は、規模も入所定員も津久井やまゆり園と全く同じで、しかも、駅から近く街中にあった。駅から近かったため、他の入所施設に比べると家族の面会も多くあった。住宅街（地域）の中にあったため、運動会や夏祭り・文化祭等を通して地域住民との交流が比較的（表面的には）活発になされていた。施設への立ち入りが比較的自由で、体育館や運動場を

開放していたため、大勢の人たち（特に、子どもたち）が遊びに来ていた。しかし、地域の学校に入ることができていなかったため、近所の子どもたちとの付き合いはほとんど（いや、全く）なかった。近所の大人たちとの付き合いや交流もほとんど（いや、全く）なかった。施設が地域の中にあっても、そこは地域ではなく、地域の中の特別区域だった。先述した積極的に地域展開している民間社会事業団体も、施設が地域の中にあっても、地域の中の特別区域で、地域との交流がなされているとは言い難かった。

　多くの事例が教えてくれているのは、いくら「入所施設の小規模化」「地域生活支援の拠点化」を図ったとしても、「地域交流」は表面的なものに終わり、絵に描いた餅になってしまうということである。もしここに「医療的ケアや強度行動障害へのケアなど専門性の高い入所支援機能に加え、短期入所や相談支援など、専門的支援力を活かして地域生活を支える拠点機能も充実強化を図る」ことになってしまった場合、管理化された中での「地域交流」となってしまうであろう。そして、もしここに「防犯ガラスの取付けや、警備会社と連動したセンサー付防犯カメラ、周囲に異常を知らせる防犯ブザーなど、必要な防犯設備を整備した上で、警察とも日頃から十分な連携を進め」「居住ゾーンと交流ゾーンを明確に整理するとともに、来訪者用の入口・受付を明示し、外部からの人の出入を確認することや、特に夜間における出入口の制限など動線管理を徹底する」ことになってしまった場合、より一層管理が強化され、「地域交流」は薄められていくだろう。「専門的支援」や「防犯体制の強化」は、「地域交流」を促進するものではなく、むしろ阻害してしまうものなのである。

　神奈川県が示した「津久井やまゆり園再生基本構想策定に向けた現時点での県としての基本的な考え方」（2017年1月6日）の「現在地での全

面的な建替え」はおろか「全個室・ユニット方式」にしても、「地域交流」「専門的支援」「防犯体制の強化」にしても、基本が入所施設である以上、具体的点検指標にあてはめてみると、第6章第2節で取り上げた3施設／社会事業団体への評価同様、いずれも次のような結果とならざるを得なかった。

①取り組みの可視化がなされているとは言い難い
②各施設で暮らし働いてはいるものの、社会の一員として活動できているとは言い難い。
③各施設の利用者は、自由で、変化のある暮らしや働きや活動をしているとは言い難い。
④各施設の利用者は、地域で役割や期待をもって暮らし、働き、活動しているとは言い難い。
⑤社会との関係がもて、自律的な暮らし、働き、活動をしているとは言い難い。
⑥利用者の意思が尊重され、平等とは言い難い。

　つまり、これらの結果は、私たちが地域で行っている地域生活支援とは異なる入所施設的支援そのものだったのである。
　私たちの目指すものは、どんな場にあっても、生活の質の向上につながる「一人ひとりにあった支援」である。「一人ひとりにあった支援」とは、「施設」での支援とは対極にあるもの、つまり、「施設」的なもの＝「施設的構造」を極力排除する支援でもある。これは、施設的構造を温存したままの地域生活化であってはならないということを意味している。どんなに地域移行をしても、施設的構造を温存したままの地域生活化は「地域生活の再施設化（ミニ施設化）」をもたらし、本人ニーズに即した支援や地域のインクルージョン化には至らないからである。「一人

ひとりにあった支援」とは、「入所施設の構造から脱する」取り組みなのである。

注

1) 神奈川県のホームページのアドレスは、次の通りである。
   http://www.pref.kanagawa.jp/cnt/f537189/（2018 年 3 月 22 日アクセス。）

2)「インタビュー：黒岩祐治神奈川県知事　辛い悲惨な事件への想いを県民相互に共有し、『ともに生きる社会かながわ』を実現していきたい」（聞き手：河東田博）『季刊 福祉労働』第 157 号、8 -11 頁、2018 年。

3) 2017 年 7 月 6 日付『東京新聞』。

第8章

障害者殺傷事件を二度と起こさないようにするための社会的仕組みづくり

――隣人を「排除せず」「差別せず」「共に生きる」社会づくりの検討 1――

第1節　障害者殺傷の芽となる虐待／権利侵害

　職員として入所施設で働いていた当時のことを思い返してみると、恵まれた労働環境下で働いていた私たち職員と管理された不自由な生活の中で暮らさざるを得なかった利用者とのギャップに気づかされる。入所施設でやむなく不自由な生活を強いられながら暮らしている利用者たちは、どんなに障害が重かろうと、その暮らしのあり方について何らかの意思表示をしているはずである。私たちは管理する側に位置しているため、利用者の意思表示に気づかないことが多い。いや、気づかない振りをしているだけなのかもしれない。

　私たちは、不自由な環境の中で暮らしている入所施設利用者の代弁をしてくれている元入所施設利用者たちの存在を忘れてはならない。元入所施設利用者たちは、入所施設で暮らしていた経験を次のように語っている。

　「よびつけされるのはいやだ！」
　「こどもあつかいされるのもいやだ！　君やチャンでなく、〇〇さ

んと呼んでほしい！」
「自分のお金は自分で管理したい！」
「さべつはいやだ！」[注1]

　短い言葉の中にこそ真実が見えてくる。子ども扱いされ、一人前の大人として見てもらえず、自由を奪われ管理された入所施設での暮らしから一日も早く脱したいと思っていた様子がひしひしと伝わってくる。なぜ入所施設での生活が嫌なのかを、「入所施設というところは目に見えず、隔離されていて、利用者の日々の暮らしや働いている人たちも機械的な状況に陥ってしまい、集中管理され、保護的になり、障害当事者の意思が尊重されず、一人ひとりの思いや願いが叶えられないところ[2]」だからだ、と記した報告書もある。

　入所施設が小さければ、入所施設の構造的な問題を解決でき、入所施設での生活を楽しく感じることができるのかと言えば、実はそうとも言えない。職員が多ければ入所施設での生活を楽しくできるように支援することができるのかというと、これもそうではない。むしろ入所施設というところは、楽しく生活できる場ではなく、孤独で、寂しく、人間関係が複雑で難しい、構造的な欠陥をもっている所なのである。

　人間関係が嫌で辞めていく（移動していく）支援員が少なからずいるが、利用者は人間関係が難しいからと言って施設を出る（退所する）ことはできないのである。そのため、入所施設で、何年も、毎日決まった同じような暮らしを余儀なくされる人たちがいる。そのような人たちには、生気がほとんど見られない。入所施設の酷い実態を知り、「あなたはここで暮らせますか[3]？」と問いかけるジャーナリストもいる。「どんな立派な施設でも、その人たちが望まなければ、刑務所のような場になってしまっても不思議ではない[4]」と記したジャーナリストもいる。

　解決困難な構造的欠陥をもっている入所施設で、時に何気ない形で、

時に信じられない虐待事件や権利侵害が起こることがある。何気ない形で引き起こされる虐待や権利侵害は、何らかの理由や原因で障害者殺傷を引き起こす芽ともなる。

　次節では、ある入所施設で起こった虐待事件を例に、なぜ入所施設でいとも簡単に虐待や権利侵害が起こってしまうのかを考えてみたい。

第2節　なぜ虐待や権利侵害が起こるのか

　ある入所施設Aにおける権利侵害[5]は、2008年夏のある日に起こった「利用者への虐待事件」だった。「汚れ物を顔にかぶせ、口にテープを貼り、鼻に異物を詰め」、挙句の果てに「その姿を写真に撮り」「仲間に送る」という支援者にあるまじき行為であった。半年後、別の虐待事件で事情聴取を受けていたときに2008年夏の事件が発覚した。

　この入所施設で起こった権利侵害（虐待）事件に対して、外部の目でチェックを行い、再発防止への「助言」、「提言」を行うために、「権利擁護委員会」が立ち上げられた。また、現場における不適切な関わりを洗い出し、対処の仕方等を検討するために、下部組織として「権利擁護検討委員会」も立ち上げられた。さらに、障害当事者からなる「権利擁護本人検討委員会」も設けられることになった。その他、直接表には出にくい不適切な対応の実態を現場から届けてもらうために、「目安箱」を設置し、「内部告発制度」も設けることになった。

　「権利擁護委員会」では、独自に、「職員へのアンケート調査」や「委員による生活体験」「職員へのインタビュー調査」などを行ってきた。これらの調査は多くの職員の協力を得ることができただけでなく、他の調査を行う必要がないほど内容豊かな貴重な調査となっていた。また、各種調査を通して、「権利擁護委員会」の外部チェック機関（助言・提言を含む）としての機能や役割を強化することができた。

入所施設Ａの「権利擁護委員会」が行った各種調査からは、次のように福祉現場に共通する様々な問題や課題が浮き彫りになってきた。

①「権利擁護委員会」が実施した利用者支援に関する職員への調査の結果、利用者に対する虐待や不適切な対応が何らかの形で起こっていることが分かった。または、今後起こる可能性も判明した。
②専門的支援と「しつけ」（障害者虐待防止法によると心理的虐待に相当する）の区別が十分ではない職員もいた。
③以上のような実態や意識を生み出している要因として、「不十分な職場環境」「職員の専門性の欠如」が考えられた。
④虐待や不適切な対応を防ぐために、「職員同士の情報の共有・意見交換ができる体制づくり」「不適切な対応をした職員の職場環境や職員同士の信頼関係づくり」「研修プログラムの整備・人材育成」を検討し、改善の努力を行っていく必要があると思われた。

　上述した問題や課題を少しでも解消するために、「利用者ニーズに沿った支援と福祉サービスの提供」「利用者の権利擁護につながる職員の意識・支援技術の向上」「職員の働きやすい環境の整備」「利用者の人権を尊重した日常生活・活動の保障」が求められていた。
　さらに、「運営のあり方」「組織づくり」「支援のあり方」「利用者の生活環境と職員の職場環境の見直し」に関する「提案」が示されていた。
　「運営のあり方」への提案とは、利用者本位の支援を行うために、利用者の意見、ニーズを集約する利用者代表委員会を用意するということである。また、利用者代表委員会の代表および保護者の代表が理事会、運営委員会に参加できる体制をつくり、組織の運営に参画できるようにするということである。さらに、現場職員で構成される権利擁護検討委員会を活性化させ、組織運営に反映できるようにすることである。

第8章　障害者殺傷事件を二度と起こさないようにするための社会的仕組みづくり　149

「組織づくり」への提案とは、一般職員に範を示せる管理職と一般職員が力を合わせることができるようにするための組織の構築であり、役職者を年功序列ではなく、公募制により抜擢し、施設長も定期的に職員による選挙によって決め、その間の実績を職員が評価するようにすることなどの民主的な組織づくりである。

　「支援のあり方」への提案とは、一人ひとりの利用者の可能性を信じて行われる支援で、アセスメントに基づく個別支援計画、個別支援計画に基づく支援の実践と振り返り、利用者が元気になるような成功体験の積み重ね、理論的・臨床的な研修、定期的な事例発表や研究発表を行うことである。

　「利用者の生活環境と職員の職場環境の見直し」への提案とは、利用者本位の支援を行うために不可欠なマンパワーの確保、柔軟な職員配置、ボランティア・介護等体験などの積極的導入であり、職員が利用者支援の改善を自発的に取り組むことができる環境とキャリアアップできる人事体制、仕事に夢を抱くことができる環境への転換であった。

　利用者への虐待や権利侵害は、「利用者ニーズに沿った支援と福祉サービスの提供」「利用者の権利擁護につながる職員の意識・支援技術の向上」「職員の働きやすい環境の整備」「利用者の人権を尊重した日常生活・活動の保障」、さらには、「運営のあり方」「組織づくり」「支援のあり方」「利用者の生活環境と職員の職場環境の見直し」を行ったとしても、いつか同じことを繰り返し、元の木阿弥に戻ってしまうのが落ちであろう。解決困難な構造を入所施設がもっているからだが、対策を何も講じなければ虐待や権利侵害の度は増し、今般の殺傷事件のようになってしまう。

第3節　知的障害者の生きる場を地域で保障するための社会的仕組みづくり：スウェーデンからの学び

　筆者は、先述したように元重度・最重度知的障害児入所施設職員だったが、「(利用者の) 皆さんが入所施設で暮らさなくてもよい社会づくりを目指したい」と言って12年間働いた入所施設を辞めた。その後、約5年間スウェーデンで暮らした。スウェーデンでの生活や訪問を通して、入所施設を解体できることを知った。

　スウェーデンで初めて入所施設解体を打ち出した法律が1985年に制定された精神発達遅滞者等特別援護法 (以下、「新援護法[6]」) である。新援護法は、世界で初めて知的障害者に「自己決定権」を認めた法律でもあった。1994年から施行された機能障害者の援助とサービスに関する法律 (以下、「LSS[7]」) では、特別病院・入所施設の解体計画を1994年末までに策定するよう各県に命じた。1997年には特別病院・入所施設解体法[8]が施行され、1999年12月末日までに全国の特別病院・入所施設を解体することになった。特別病院や入所施設が解体されたということは、地域生活支援策が整えられたということを意味していた。

　スウェーデンの地域生活支援策には、ホームヘルプサービスなど社会サービス法に基づくものと日中活動などLSSに基づくものがあるが、地域生活者一人ひとりにあった支援の内容を創り出していくためには、社会的な支援をシステムとして創り出し、機能させていく必要がある。

　スウェーデンの地域生活支援策には、他の人と同様の生活を保障しようとする社会的努力が見られており、今なおその努力が続けられている。それらの地域生活支援策の中から、日本にはない、日本でも導入を検討すべき三つの支援策を取り上げ、その特徴を見てみたい。

第8章　障害者殺傷事件を二度と起こさないようにするための社会的仕組みづくり　151

1 家的機能をもったグループホーム

　児童・青少年のためのグループホームは、成人（20 歳）まで利用でき、その後は成人用グループホームに移行する。成人用グループホームには、65 歳になるまで入居することができる。65 歳以降は、高齢者用サービスハウスに隣接した高齢者用グループホームに同居者と共に移るのが一般的である。

　成人用グループホームには様々なタイプのものがあり、1 人用住宅や2 人用住宅を組み合わせてグループホームとしているものや、4 ～ 5 人用グループに付属しているものもある。4 人用グループホームには原則として 24 時間介護の必要な重度の知的障害者が住んでおり、各自が機能的な広い空間（40㎡前後の台所兼食堂・居間・寝室・トイレ・浴室を有する「家」的機能をもった住まい）に住むことができるようになってきている。

　グループホームは 4 ～ 5 人用が基本で、5 ～ 6 人の職員が配置されている。重度加算があるため、10 人前後の職員が配置されているところもある。

2 自己決定を支えるパーソナルアシスタンス制度

　パーソナルアシスタンスは、「障害のある人一人ひとりが自分自身の介助システムを注文・企画して、介助者の配置・計画・訓練・雇用・解雇に至るすべての決定をする」[9] という自己決定に基づく制度である。「直接給付型」で、余暇活動や文化活動にも適用されている。

　どんなに障害が重い人たちにも適用可能な制度で、重症心身障害者の全国組織 JAG（「連帯・平等・自立」の頭文字をとって組織名としている）のメンバーもこの制度を利用し、パーソナルアシスタントの援助を受けて地域生活を送っている。この制度を有効に活用することによって、JAG

のメンバーの地域生活が保障されるようになった。また、この制度を利用し、協同組合を立ち上げるグループも見られるようになってきた。こうしたグループでは、メンバーが出資者となり、自ら理事会を構成し、職員を雇用して日常の仕事や活動を行っている。さらに、この制度を重度知的障害者用グループホームにも適用し、職員代わりにパーソナルアシスタントを雇ってグループホームを運営しているところもある。

3　友達の輪を広げるコンタクトパーソン制度

コンタクトパーソン制度は特別なサービスの一つで、LSS には「個人的関心を発達させ、自分の友達をもち、他の人と同様の個人的ライフスタイルをもつことができるように支援するために欠かせない人的援助手段である」[10] と明記されている。

広く家的機能をもったグループホームで孤独な思いで暮らしている地域生活者がいる。そのような人たちに友達をつくって欲しい、社会の空気も吸って欲しいと願ってこの制度が生まれた。

コンタクトパーソンは「友達のような存在」だが、このような人がいてくれれば、重度の知的障害者でも地域生活を豊かにしていくことができる。銀行への付き添いにも使えるし、一緒にコンサートに行くなど余暇活動時にも使うことができる。このような役割をもった人を得ることによって人と人とのつながりの輪が広がっていくのではないかと期待されている。

スウェーデンにおける三つの地域生活支援策を見てきたが、地域生活支援策を全ての人たちが使えるようにするためには、入所施設にかけていたお金を全て地域生活支援に回せばいいのである。例えば、定員150人（筆者が勤めていた入所施設も殺傷事件のあった元の津久井やまゆり園も同様の定員）の入所施設を一つつくる代わりに、定員5人のグループホー

第8章　障害者殺傷事件を二度と起こさないようにするための社会的仕組みづくり　153

ムを 30 カ所建設する。どちらも総費用が 30 億円だとすれば、グループホーム 1 軒あたり 6 〜 7 人の職員を配置できるはずである（参考資料参照）。60 〜 80 億円もの費用をかけて小規模・分散化で再生しようとしている津久井やまゆり園なら、どれだけ素晴らしい地域生活支援策を用意することができるだろうと考えてみていただきたい。

[参考資料] 河東田博「予算 施設から移せ」（一緒に生きよう－相模原殺傷事件 1 年）

（聞き手・西田真季子、2017 年 7 月 29 日付『毎日新聞』）

　障害者福祉の先進国として知られるスウェーデンでも、最初は 7 〜 8 人の小さな施設だったにもかかわらず、徐々に 100 人、200 人と巨大化した。施設が大規模になると、手が回らなくなる。大勢を 1 室に閉じ込めて管理せざるを得なくなる。

　そこで 1960 年代後半から 70 年代にかけて批判が起こった。スウェーデン政府は、施設をなくす方針を法律で明文化した。なぜ入所施設がよくないかという考え方も国が示した。施設は、障害者の姿が目に見えない▽地域から隔離されている▽機械的でルーティンワークの支援になる▽散歩に行くのにも届け出が必要な、集中管理された生活になる▽過剰に保護された生活になる▽本人意思が尊重されていない──の 6 点だ。

　障害者の親や職員の反対があっても解体できたのは、ほとんどが公立施設だったから。日本は民営施設が多く、閉鎖すれば施設の経営や職員の雇用の問題が生じてくる。

　スウェーデンで施設が問題視されたころ、日本から通称「コロニー懇談会」のメンバーが視察に訪れている。批判されているとは知らずに、現地の入所施設をモデルに大規模施設（コロニー）を造る方針を立て、全国 17 カ所にコロニーが造られていく。

　日本では、53 年に発足した知的障害者親の会が設立趣意書で施設増

設を要望した。スウェーデンより 20 年くらい遅れている。恐らく今後も入所施設は残り続けていくのではないか。1 室の人数を減らすことで入所施設が残る方向になっている。ユニット化、個室化しても、グループホームとは別物だ。ある 30 人規模の入所施設では、職員が複数態勢になるのが食事のときくらい。食事前と食事後の自由時間は、職員がそばにつけない。重い障害がある人たちは何もすることがなく、ブラブラしたり寝転がったりして過ごすことになる。

　一方、地域住民は障害のある人たちに慣れていない。特別支援学校で完全に分離され、障害のある人と接する機会がない状態で暮らしているから、障害のある人を知らない。知らない状態でポンと地域移行されたら戸惑う。作業所やグループホームを建てる時に反対運動が起きるのは、相手を知らないからだ。それを払拭していくためには、障害の重い人たちこそ地域で暮らしていく必要がある。グループホームやアパートがいっぱいできれば変わる。

　これまで入所施設にかけていたお金を、すべて地域生活支援策に移行させればいい。例えば、定員 150 人の入所施設を一つ造る代わりに、定員 5 人のグループホームを 30 カ所建設する。どちらも総コストが 30 億円だとすれば、グループホーム 1 軒あたり 6 ～ 7 人の職員を配置できるはずだ。

注
1) さくら会編集委員会編　『私たちにも言わせて　ぼくたち　私たちのしょうらいについて——元気のでる本』全日本精神薄弱者育成会、1992 年度版及び 1993 年度版より引用。
2) *Institutionsavveckling – Utvecklingsstörda personers flittning från vårdhem.* Socialstyrelsen, 1990:11.
　（本稿に関する翻訳内容は、次の論文で紹介されている。
　河東田博「スウェーデンにおける入所施設解体と地域生活」『発達障害研究』16 巻 2 号、35 ～ 39 頁、1994 年。)

3) 嘉悦登「あなたはここで暮らせますか？」『手をつなぐ』No.509　全日本手を
つなぐ育成会　1998年、12頁。

4) 2002年7月7日付『毎日新聞』1面（解説：野沢和弘）

5) ある入所施設における権利侵害については、下記報告書に記載されている。
入所施設の名称を伏せ、「入所施設A」とのみ記すことにした。なお、本稿で
取り上げた内容も、一部脚色した。
『2009年度〜2010年度入所施設A権利擁護委員会報告書』社会福祉法人A、
2011年。

6) *Lag om särskilda omsorger om psykiskt utvecklingsstörda m fl.*: SFS 1985:568.

7) *Lag om stöd och service till vissa funktionshindrade*: SFS 1993:387.

8) *Lag om avveckling av specialsjukhus och vårdhem*: SFS 1997:724.

9) ラツカ，A.D.（河東田博・古関 – ダール＝瑞穂訳）『スウェーデンにおける自
立生活とパーソナル・アシスタンス』現代書館、1991年、68頁。

10) Andén, G. & Liljeqvist, M., 1991. *Fub-kontakt*. Nr.5. FUB. p.3.

第9章

障害者殺傷事件を二度と起こさないようにするための権利擁護体制づくり

──隣人を「排除せず」「差別せず」「共に生きる」社会づくりの検討 2──

第1節　福祉現場での権利擁護体制づくりの必要性

　岩手県陸前高田市で 2014 年 11 月 28 日当時策定中だった『2015 年度－ 2017 年度第 4 期陸前高田市障がい者福祉計画・第 4 期陸前高田市障がい福祉計画（草案）』の鏡文に下記のような「この計画に込めた思い」（仮題）を入れることになった。[注1]

　本市は、「ノーマライゼーションという言葉のいらないまちづくり」を目標に、本計画の策定を機に、共生の社会の実現に向けて、市民一人ひとりへの「障がいへの理解」を促進し、「ともに生きる」「差別のない」「平等な」まちづくりに向けて努めてまいります。
　そのために、私たちは、次のようなまちづくりをめざします。
1　「差別」されることなく、誰もが「自分を大切」にし、「必要とされている」と実感できるまちづくり。
2　誰もが、権利・義務・利益・負担を共有できるまちづくり。
3　おたがいに、たすけあえるまちづくり。
4　誰もが、社会参加し、社会貢献できる、幸福を実感できるまちづ

157

くり。

　「この計画に込めた思い」（仮題）が目指しているのは、「ノーマライゼーション」の具現化であり、人としての権利が擁護され、誰にとっても住みやすい生きやすい共生社会の実現である。共生社会実現への思いを「ノーマライゼーションという言葉のいらないまちづくり」という表現に託して策定しているのが陸前高田市の「計画」であった。[2]

　このような「思い」を「計画」の中に意識的に盛り込もうとしているのには理由があった。それは、未だ共生社会が実現できておらず、手を携え互いを思いやることを目指す共生社会とは逆の「権利侵害」が社会の至る所で（利用者の権利を最も大切にしなければならない福祉現場でも）引き起こされてきた実態があったからである。

　例えば、過去には「食事のときに騒ぐ居住者の食事を捨てた。最近は皆と一緒に食べさせずに後で食べさせる。太りすぎるからと言って、食事のおかわりや間食をさせない。入浴の時の介助が乱暴なので注意してもこれは俺のやり方だ、嫌なら入るなと暴言を言う。尿器で頭を叩かれた。お腹を叩かれて、尿から出血した。……」[3]と枚挙に暇がないほどの権利侵害の実態が示されていた。入所施設のような閉鎖的な環境であればあるほどそれは顕著であった。

　2009年に新聞で報道された「福岡県赤村の障害者支援施設『瑞穂学園』（入所者約60人）で、居室の定員を4人以下と定めた厚生労働省令に違反し、知的障害者10人を1室に入居させていたことが5日、県の立ち入り調査で分かった。県は是正を指導する方針。県によると、約20畳の『リハビリ室』にベッド10台が置かれ、重度知的障害者ら56〜81歳の入所者を寝起きさせていた。室内には簡易トイレ3個もあったが、固定された仕切りはなく、カーテンだけで男女共同で使用させていた。」[4]という記事は、そのよい例であろう。

今はこのような「権利侵害」がもうないのかと言えば、そんなことは
なく、大なり小なり「権利侵害」や「虐待」の実態が報道されている。
そのため、『2015年度−2017年度第4期陸前高田市障がい者福祉計画・
第4期陸前高田市障がい福祉計画（草案)』の「地域生活支援事業推進」
の中に「権利擁護を推進し、身近な人たちによってなされている暴力・
虐待を防ぐために」という項目を新たに設けることになった。以下がそ
の内容である。

　「暴力や虐待は、被害者に大変深刻な精神的反応を引き起こすこと
が分かっています。被害に直面した時、被害者は『殺されるのではな
いか』『ひどい目にあわされる』という強い恐怖を感じます。頭の中
が真っ白になってどうしていいのかわからず、凍りついたようになっ
てしまいます。そういう経験をした人は、事件後数週間、数ヵ月の
間、さまざまな精神的反応を引き起こすことがあります。自分がおか
しくなってしまったのではないかと不安になる人もいます。学校や福
祉施設に通えなくなる人も出てきます。
　暴力・虐待被害にあって傷ついている被害者をこれ以上傷つけない
ためにも、加害者の犯した罪を償わせこのような犯罪が繰り返されな
いようにするためにも、二次被害（被害者が被害の後に、周囲の様々な人
の言動によってさらに傷つけられる状態のこと）を防ぐことが大切であり、
被害者のためだけでなく市民にとっても大切なことです。
　暴力・虐待被害をなくすために、私たちにできることは、『教育・
啓発の推進』であり、被害者支援システムを作ることです。自らの偏
見に気づくこと、被害者の心の傷に思いを馳せることなど個人レベル
でできることもあります。
　二次被害のない社会、暴力・虐待のない社会は、誰にとっても安全
で幸福な社会の姿です。誰もが信頼し合い、よりよい関係を築けるよ

うになるために、私たちの中にある無理解・無知・差別・偏見意識に気づくことが大切です。当事者同士の学び合い・伝え合いを活用し、支援することも必要となります。ピア・カウンセリングやピア・サポート、本人活動支援も必要となります[5]。」

　陸前高田市の新『障がい者福祉計画・障がい福祉計画（草案）』の中で「権利擁護」に関する内容を盛り込むことになったのは、社会の至る所で「権利侵害」の実態があるからだと先述したが、実は、筆者に「高邁な意見を述べる人が、実は過去に権利侵害的な言動を行っていた」という投書が寄せられていたからでもあった。
　2012年10月1日には「障害者虐待防止法[6]」が施行されたが、同法では「虐待」つまり「権利侵害」を引き起こしているのは障害のある人たちの身近にいる「養護者」「使用者」「障害者福祉施設従事者等」だと明示している。障害当事者の身近にいる養護者・支援者たちが加害者となり得る（実際になっている）ことが分かってきており、急ぎ対応策を検討する時期に来ている。この対応策の検討こそが、虐待や権利侵害の芽を早く摘み、障害者殺傷事件を二度と起こさないようにするための方策とならなければならない。
　障害者殺傷事件を二度と起こさないようにするために何より大切なのは、防犯体制を強化することよりも、第8章第3節で述べてきた知的障害者の生きる場を地域で保障するための社会的仕組みづくりであり、身近な福祉現場での権利擁護体制づくりなのではないだろうか。
　そこで本章では、身近な福祉現場で権利擁護体制を確立し利用者本位の支援を行うためにどのような考え方に基づき、どのように物事を整理していったらよいのかを検討する必要がある。そのために、まず、「権利侵害防止・意思決定支援のための基本的な枠組み」を考える。その上で、どうしたら「福祉現場で『権利擁護』体制を確立し意思決定支援を

行っていくことができるのか」を考えていくことにする。

第２節　福祉現場で「権利擁護」体制を確立し「意思決定支援」を行うために

　第８章第１節で取り上げた入所施設Ａで引き起こされた「権利侵害」事件は、度を過ぎた出来事というだけでなく、（重い）障害のある人を見下す「差別」意識がもたらしたものとも言えた。それだけに、組織を挙げて真剣に改善に向けて取り組んできていた。この入所施設Ａはわが国の障害者福祉のモデル施設とも言われてきただけに、入所施設Ａで引き起こされた「権利侵害」事件の衝撃は大きかった。モデル施設と見られていたＡで「権利侵害」事件が引き起こされたことを考えると、この種の「権利侵害」は、多かれ少なかれ、その大小を問わず、どの福祉現場でも起こっている可能性があると思われた。そして、それはなぜなのか。どう「権利」「侵害」に対処し、どう「権利」を「擁護」していくことができるのだろうか。入所施設Ａからの学びを基に、利用者への「権利侵害」（延いては障害者殺傷事件）を二度と起こさないようにするためにはどうしたらよいのかを、図４を基に検討してみたい。

　図４のように、各福祉現場が目標とすべき「権利擁護・意思決定支援」（課題１）のために、課題１を支える「虐待防止・危機管理体制」の確立（課題２）・「意思決定支援体制」の確立（課題３）、「サービス向上体制」の確立（課題４）、さらには、組織外から組織全体を見渡し、組織全体に影響を与えることのできる体制とするために、利用者の「権利」が「擁護」されているかどうかをチェックし、必要な提言を行うための「権利擁護体制」の確立（課題５）が必要となる。また、組織運営を利用者の立場からチェックし、必要な提言を行い、利用者と共に組織運営を行えるようにするための「当事者参画体制」の確立（課題６）も必要

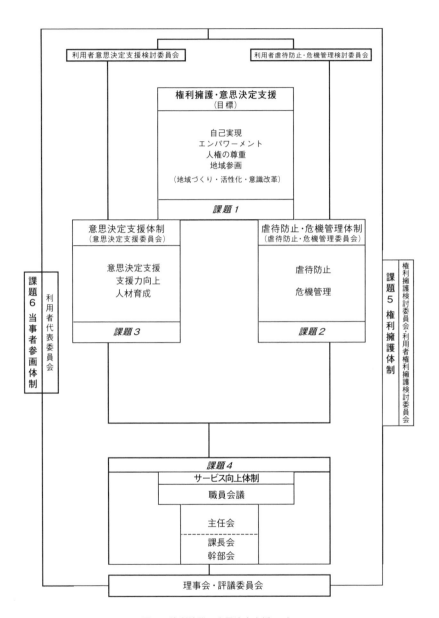

図4．権利擁護・意思決定支援モデル

となる。こうした六つの課題に取り組むことによって、確実に「権利擁護・意思決定支援」につながっていくはずである。

　様々な福祉現場で働く職員の「人材育成」も、このような視点（課題）と課題に向けた取り組みを相互に関連づけ有機的に組み合わせて実行していく必要がある。

　以下、各福祉現場に共通に必要とされる課題１〜６に対処可能な「権利擁護・意思決定支援モデル」を図４に基づき説明していく。

課題１：各福祉現場が「目標」とすべき「権利擁護・意思決定支援」の確立

　課題１は、「権利擁護・意思決定支援」を確立するための「目標」となる。利用者の「人権」を「尊重」し、利用者に寄り添い、思いや願いを受け止め、「自己実現」「エンパワメント」につながるよう、利用者との日々の関わりや「地域参画」（地域づくり・地域の活性化・地域住民の意識改革）」との関係の中で実現されなければならない。また、この目標を達成するために、「権利擁護」「意思決定支援」「虐待防止・危機管理」「サービス向上」「当事者参画」という五つの条件を設定する必要がある。

課題２：「虐待防止・危機管理体制」の確立

　課題１（権利擁護・意思決定支援）確立のためには、「虐待防止・危機管理体制」の確立が欠かせない。そこで、「虐待防止」「危機管理」など利用者の権利侵害を回避するための体制づくり（「課題２」）が必要となる。障害者虐待防止法に明示されているように、「虐待」が身近な関係者や事業者などの養護者からなされている実態を考えたとき、急ぎ各福祉現場内に「虐待防止・危機管理委員会」を設置する必要がある。併せて、「目安箱」を設置し、虐待を発見した内部通報者を擁護することができるような「内部通報者擁護規定」なども用意しておく必要がある。

第９章　障害者殺傷事件を二度と起こさないようにするための権利擁護体制づくり　163

課題3：「意思決定支援体制」の確立

　課題1（権利擁護・意思決定支援）確立のためには、「意思決定支援体制」の確立が欠かせない。この「意思決定支援」という文言は、障害者総合支援法第1条の2及び第42条[7]の中に見出すことができる。障害者総合支援法の制定・施行により、今後の障害福祉サービスの検討・遂行には、「意思決定支援」を抜きにものを語れなくなってきた。「意思決定支援」は、課題1の「権利擁護・意思決定支援」に直接的に関わるものであり、これから言及する他の課題にも直結していく。

　課題のすべてに関わる「意思決定支援」を、私たちは、利用者との関わりを通して行っていかなければならない。つまり、「意思決定」を支える人材の育成、そのための体制づくり（課題3）がこれまで以上に急ぎ求められている。課題3の「意思決定支援」のための人材育成は、各福祉現場から委任を受けた「意思決定支援委員会」に託していきたい。利用者の「意思決定」を支えることのできる「人材」が「育成」されることによって、「支援力」が「向上」していくと思われるからである。「意思決定支援委員会」では、「意思決定支援プログラム」の開発と遂行も求められる。

課題4：「サービス向上体制」の確立

　課題1〜3を円滑に、かつ、効果的に進め、効果があがるような取り組みがなされなければならない。また、理事（評議員）から職員に至るまで法令を順守しながら組織をまとめあげ、目標の実現に向け組織体制をしっかりさせていなければならない。つまり、「課題4」として、「サービス向上体制」の強化が求められてくる。

課題5：「権利擁護体制」の確立

利用者の「権利侵害」を防ぎ「権利」を「擁護」するためには、外部の目が欠かせない。各団体内だけでの改革では、「なれ合い」になり、「不正行為を見逃したり、抑止できなかったりする構造的欠陥を生み」やすいからである。権利侵害に対する再発防止策を講じ、団体の「権利擁護体制」のチェック・助言・権利擁護に関する提言を行うために、障害当事者を含む外部委員から成る第三者機関としての「権利擁護委員会」を立ち上げる必要がある。

この課題を、「課題5」とし、「権利擁護体制」とする。また、この委員会の下部機関として職員から成る「権利擁護検討委員会」も立ち上げる必要がある。「権利擁護検討委員会」では、現場における権利侵害、不適切な関わり、権利侵害と疑われる関わりの洗い出しの作業、対処の仕方等を議論し、「権利擁護委員会」に報告の上報告事項への指示を仰ぎ現場から権利侵害を取り除くための取り組みを推進する機能をもつものとする。

さらに、各福祉現場に何らかの形で関わっている障害当事者（福祉施設利用者も含む）から成る「利用者権利擁護検討委員会」も立ち上げる必要がある。「利用者権利擁護検討委員会」は、障害当事者の立場から現場で見過ごされがちな権利侵害と思われる出来事をチェックし、取り除くための取り組みを推進する機能をもつものとする。

課題6：「当事者参画体制」の確立

「権利擁護・意思決定支援」実現のために必要な「意思決定支援体制」や「権利擁護体制」の確立、「サービス向上体制」強化のためには、福祉施設を利用している利用者が組織運営に何らかの形で関わる「当事者参画」という新たな課題が欠かせない。この課題を、「課題6」とする。「当事者参画」の必要性は、障害者権利条約や障害者基本法、障害者の日常生活及び社会生活を総合的に支援するための法律（障害者総合支援

法）にも記されているし、身近なところでは、知的障害者関係施設・事業所から成る日本知的障害者福祉協会の「行動規範」に「行事や利用者の活動計画には、計画の立案段階から本人が参画できるようにします。」と具体的に盛り込まれている。

「当事者参画」は、本来、「行事や利用者の活動計画」だけでなく、「組織運営」や「政策立案」への「参画」にまで拡大される必要がある。しかし、多くの福祉現場には、利用者である「障害当事者」の「組織運営」への「参画」が見られない。一部の部署に利用者自治に関する取り組みがあったとしても、不十分である。「意思決定支援体制」や「権利擁護体制」を確立するためにも「組織運営」への「当事者参画」は欠かせない。

「当事者参画」のために、まず、「理事会・評議員会」と対等な権限を有する「利用者代表委員会」を置くことが必要となる。また、「利用者代表委員会」の下には、「権利擁護委員会」（課題5）に対置できる「利用者権利擁護検討委員会」を置き、「虐待防止・危機管理委員会」（課題2）に対置できる「利用者虐待防止・危機管理検討委員会」を置くことも必要になる。さらに、「意思決定支援委員会」（課題3）に対置できる「利用者意思決定支援検討委員会」を置くことも必要となる。「利用者代表委員会」から「理事会・評議員会」に利用者代表を送り出し、「利用者権利擁護検討委員会」や「利用者虐待防止・危機管理検討委員会」「利用者意思決定支援検討委員会」にも利用者代表を送り出すことができたなら、これまでの支援者中心の組織運営や関わり方は大きな変更を余儀なくされるであろう。

第3節 「権利擁護・意思決定支援モデル」の実践を

筆者は、2014年3月、大学を定年退職し、同年4月より1年間だけ

だったが、28年振りに福祉現場で働くことになった。この10年余の間に目まぐるしく法制度が変わり、改正障害者基本法（2011年7月制定・同年8月施行）、障害者総合支援法（2012年6月制定・2013年4月施行）が立て続けに制定・施行され、表面的な理解しかできずに障害者福祉のあり方を考え、一面的な情報提供をしていることに苛立ちを感じていたからである。確かにこれら新法制度の成り立ちや内容の概要を資料や文献を通して理解はできるものの、実際に福祉現場でどのように法制度が解釈され運用されているのか、法制度では読み取れない複雑なもの（例えば、65歳以上の障害者の介護保険サービスへの移行ケースや障害福祉サービスと介護保険サービスの併用ケース等）が厚生労働省通知等でどのように示されているのか、各自治体はこれらの複雑なケースをどのように処理しているのか、などが皆目分からなくなってきていた。短い限られた期間になるかもしれないが、もう一度福祉現場に身を置いてみようと思い至ったのである。この判断は間違いではなかったようである。

　筆者が身を置いたのは、「地域における相談支援の中核的な役割を担う機関」（障害者総合支援法第77条の2第1項）だった。障害者自立支援法（2005年10月制定、2006年4月施行）から障害者総合支援法へと流れる五つの特徴[10]（利用者負担の見直し、障害者の範囲及び障害程度区分の見直し、相談支援の充実、障害児支援の強化、地域における自立した生活のための支援の充実）の中の一つである「相談支援」を支える機関で、①総合的・専門的な相談支援（専門性の高い相談、支援機関が困難を感じる相談、支援機関につながらない等，適切なサービスにつないでいくことが求められる相談）②地域の相談支援体制の強化、③地域移行・地域定着を促進するための体制整備、④権利擁護及び虐待防止、を担う地域生活支援事業を支える重要な役割を担っていた。地域資源を掘り起こし、そのために各機関のネットワークをつくり、地域を点から面につないでいく、俯瞰的なものの見方ができる機関であった。

本章では、俯瞰的なものの見方ができる立場から各福祉現場に関わり、関わりを通して気づいたこと、特に、「権利擁護及び虐待防止」に焦点をあてて論じた。福祉現場では多くの「権利侵害」、結果として生じる「虐待」を目にし、耳にもしてきた。もし私たちが「権利侵害」や「虐待」を受けたとしたら、どう受け止め、どう対処していくだろう。「権利侵害」や「虐待」をなくすためにはどうしていったらよいのだろうか。この思いからから発した「権利擁護体制の確立」という提案は、障害者殺傷事件を二度と起こさないようにするための方策の一つであり、あらゆる福祉現場で検討し、取り組んでみる価値のある体制づくりとなるのではないだろうか。

注

1)「2015 年度 − 2017 年度第 4 期陸前高田市障がい者福祉計画・第 4 期陸前高田市障がい福祉計画」は、2014 年 12 月 19 日の策定委員会でまとめ上げられ、同日直ちに市に答申した。本稿で取り上げた「鏡文」は、策定委員会細谷一委員長の「この計画に込めた思い」の中に取り込まれ、3 分の 1 を占める障害当事者を含む各委員の「思い」として市に届けられた。

2) 陸前高田市の意向で「2012 年度 − 2014 年度第 3 期陸前高田市障がい者福祉計画・第 3 期陸前高田市障がい福祉計画」の副題として扉を飾った「ノーマライゼーションという言葉のいらない共生社会を目指して」は、「ノーマライゼーションという言葉のいらないまちづくりアクションプラン」の策定を受けて、「2015 年度 − 2017 年度第 4 期陸前高田市障がい者福祉計画・第 4 期陸前高田市障がい福祉計画」の扉から消え、実質的な内容づくりへと移行していくことになった。

3) 1992 年秋に（故）副島洋明弁護士によって作成された資料より。（故）副島弁護士は、障害者人権弁護団を結成し、数々の障害者差別、人権侵害の問題に対処してきた。その結果、障害者の人権の問題に関わる弁護士も増えてきた。

4)「1 部屋に 10 人詰め込む　福岡の障害者支援施設が省令違反」2009 年 11 月 5 日付『産経新聞』。

5)「2015 年度 − 2017 年度第 4 期陸前高田市障がい者福祉計画・第 4 期陸前高田市障がい福祉計画素案」（2014 年 10 月 19 日付）50 〜 51 頁に掲載されている。

なお、本稿で引用した 10 月 19 日付素案は、最終計画（答申）では、「権利擁護支援事業」として 6 項目にわたる事業内容（104 頁）として整理され、本稿引用の文章は削除された。

6) 2012 年 10 月 1 日に施行された「障害者虐待防止法」は、「高齢者虐待防止法」の内容とよく似ている。この法律は、日本社会福祉士会が厚生労働省からの委託で行った 2009 年度障害者保健福祉事業『障害者の権利擁護及び虐待防止に向けた相談支援等のあり方に関する調査研究事業報告書』が基になったと言われている。

7) 2012 年 6 月 27 日に公布された「障害者の日常生活及び社会生活を総合的に支援するための法律（障害者総合支援法）」第 1 条の 2「……全ての障害者及び障害児が可能な限りその身近な場所において必要な日常生活又は社会生活を営むための支援を受けられることにより社会参加の機会が確保されること及びどこで誰と生活するかについての選択の機会が確保され、……」及び第 42 条「障害者等の意思決定の支援に配慮するとともに、……常に障害者等の立場に立って……」

8)「不正　成果主義の果て」（理研問題）2014 年 6 月 13 日付『朝日新聞』。

9) 日本知的障害者福祉協会の行動規範は、下記文献に詳述してある。
日本知的障害者福祉協会人権・倫理委員会編『知的障がいのある方を支援するための行動規範～支援の専門職としての道しるべ～』日本知的障害者福祉協会、2010 年。

10) 障害者総合支援法へと流れる五つの特徴（利用者負担の見直し、障害者の範囲及び障害程度区分の見直し、相談支援の充実、障害児支援の強化、地域における自立した生活のための支援の充実）は、下記文献に示されている。
　福祉行政法令研究会『図解入門ビジネス　障害者総合支援法がよ～くわかる本』秀和システム、2012 年、29 頁。

終　章

隣人を「排除せず」「差別せず」「共に生きる」

　「障害者殺傷事件発生の要因とメカニズム」の解明や「障害者殺傷事件を二度と起こさないようにするための方策」を検討し、隣人を「排除せず」「差別せず」「共に生きる」社会づくりを構想するために、本書を次のような構成とし、諸課題を明らかにするための検討を積み重ねてきた。

　序章では、社会形成モデルの検討と社会形成モデルの現状を示した。第１～４章を通して、課題１（障害者殺傷事件の歴史的・社会的・構造的実態はどうなっているのか）を明らかにした。

　第５章を通して、課題２（障害者殺傷事件は、なぜ、どのような要因やメカニズムによって引き起こされたのか）を明らかにした。

　第６～７章を通して、課題３（障害者殺傷事件を二度と起こさないようにするために、神奈川県は障害者支援施設津久井やまゆり園の建替えを計画した。神奈川県津久井やまゆり園再生基本計画に対して厚生労働省をはじめとする行政関係者、障害者団体、家族会、一般市民、メディア等はどのような見解をもっているのか）を明らかにした。

　第８～９章を通して、課題４（障害者殺傷事件を未然に防ぐためには今後どうしたらよいのか。そのための防止策をどのように構築していったらよいのか）を明らかにした。

　終章では、本書を通して得られた成果を概観し、隣人を「排除せず」

「差別せず」「共に生きる」社会づくりを構想する。

　本書を通して浮かび上がってきた諸課題を明らかにするための取り組みの中で、次のような整理をすることができた。

1　人権侵害(含障害者殺傷事件)の歴史的・社会的・構造的実態について

- 相模原障害者支援施設津久井やまゆり園で起こった大量殺傷事件や事件を引き起こした植松容疑者が発するメッセージ(「コミュニケーションができない重度の知的障害者は生きている価値がない」、「不幸しか生まない」、等々の発言、46人もの入所者を次々に殺傷した行為、他)は、社会形成モデルで示した「排除社会」「硬直社会」「拒絶社会」「共生社会」が混在する混沌とした社会の中で生み出された酷い事件だったと整理することができた。

- (相模原殺傷事件を含む)数多くの人権侵害は、障害のある人たちに対する社会的排除と差別、抑圧の歴史の中で構造的に生み出されていた。

- 弱い立場の人たちへの社会的排除と差別・抑圧行為は、障害のある人たちに対してだけでなく、ハンセン病回復者、ニート・引きこもり、不登校、高校・大学の中退や仕事を放棄する若者やホームレスの人たち、高齢者、移民、難民などにも及んでおり、権利侵害は社会問題であると同時に、政治問題とも言えることが分かった。

- 「相模原市の障害者支援施設における事件の検証及び再発防止策検討チーム」報告書は、「共生社会の推進」「退院後の医療等の継続的な支援を通じた、地域における孤立の防止」「社会福祉施設等における職場環境の整備」と一見当事者に寄り添ったかの表現になっているが、「Ⅲ　再発防止のための具体的な提言」の「第2　退院後の医療等の継続支援の実施のために必要な対応」や「第3　措置入院中の診療内容の充実」、「第4　関係機関等の協力の推進」、「第5　社会福祉施設等に

おける対応」等、再発防止策＝防犯対策に関する内容に比重が置かれたものとなっていた。

- 相模原殺傷事件を契機に、この間、「二度と同様の事件が発生しないよう」（犯罪予防のため）精神保健福祉法の改正が検討されてきた。しかし、法改正の根底に精神障害者に対する抜きがたい排除意識や差別の感情があったこと、当事者不在のまま法案の改正をしようとしたことなどから、このまま法改正が強行されれば精神障害者に対する社会的排除や差別がさらに助長される可能性があるとして、多くの障害者団体や司法関係者が反対の声明を出してきた。幸い精神保健福祉改正案は廃案になったが、法の本来的な目的に立ち戻り「精神医療の充実」を目指していくことの必要性が確認された。

2　人権侵害（含障害者殺傷事件）の背景要因・メカニズムについて

- 人権侵害（含障害者殺傷事件）を生む背景要因として、「差別・医療中心・施設中心・専門家中心・サービスの他者管理・専門家カウンセリング／サポート・排除中心」という差別意識の諸側面が浮かび上がってきた（第一の背景要因）。また、同様に、「閉鎖・隔離・管理・集団・官僚・保護」という差別意識を下支えする諸側面が浮かび上がってきた（第二の背景要因）。これら第一・第二の人権侵害（含障害者殺傷事件）を生む背景要因が相互に関係し、循環しながら社会的排除・差別・人権侵害のメカニズムを創り上げてきていることが判明した。

- さらに、人権侵害（含障害者殺傷事件）の背景要因（差別意識の諸側面）を内包する「具体的点検指標」を使って諸方策を評価できることも分かった。
  - ・取り組みが可視化されているか
  - ・社会の一員として地域で生きることができているか
  - ・（取り組みが）自由で変化がもてるものとなっているか

・地域で役割や期待がもてるようになっているか

・社会との関係がもて自律的か

・本人意思が尊重され平等か

　これら六つの具体的点検指標に基づき、諸方策の評価を行い、障害者殺傷事件を二度と起こさないようにするための社会的仕組みづくりや権利擁護体制づくりの検討に活かしていくことができることが分かった。

3　神奈川県が示した諸方策への評価について

- 各施設／社会事業団体等の取り組みを六つの具体的点検指標にあてはめてみると、いずれも、

　・取り組みの可視化がなされているとは言い難かった

　・各施設で暮らし働いてはいるものの、社会の一員として活動できているとは言い難かった。

　・各施設の利用者は、自由で、変化のある暮らしや働きや活動をしているとは言い難かった。

　・各施設の利用者は、地域で役割や期待をもって暮らし、働き、活動しているとは言い難かった。

　・社会との関係がもて、自律的な暮らし、働き、活動をしているとは言い難かった。

　・利用者の意思が尊重され、平等だとは言い難かった。

- 具体的点検指標に基づいて行われた評価結果を援用すると、入所施設では人権が保障されにくく、入所施設が豊かな暮らしの場とはなっていないという結果が得られた。つまり、神奈川県が示した「津久井やまゆり園再生基本構想策定に向けた現時点での県としての基本的な考え方」（2017年1月6日）の「現在地での全面的な建替え」だけでなく、「全個室・ユニット方式」にしても、入所施設がもつ構造的問題を改

終章　隣人を「排除せず」「差別せず」「共に生きる」　173

善することはできないという結論を導くことができた。

- 神奈川県が示した「津久井やまゆり園再生基本構想策定に向けた現時点での県としての基本的な考え方」（2017年1月6日）の「現在地での全面的な建替え」はおろか「全個室・ユニット方式」にしても、「地域交流」「専門的支援」「防犯体制の強化」にしても、ベースとなるのが入所施設である以上、具体的点検指標にあてはめてみると、いずれも、神奈川県が示した諸方策は、私たちが地域で行っている地域生活支援とは全く異なる入所施設的支援だということが判明した。

4　障害者殺傷事件を未然に防ぐための方策について

- 障害者殺傷事件を未然に防ぐためには、入所施設の構造的な欠陥をなくし、地域生活支援策を充実させる必要がある。また、家的機能をもったグループホーム・自己決定を支えるパーソナルアシスタンス制度・友達の輪を広げるコンタクトパーソン制度等の導入を検討し、隣人を「排除せず」「差別せず」「共に生きる」ための社会的仕組みづくり・権利擁護体制づくりを急ぎ確立することが確認された。さらに、福祉現場で権利擁護体制を確立し、意思決定支援のための仕組みづくりの検討と実践が求められていることも指摘された。

　私たちが今なすべき／できることは、不審者から利用者を守るためにより強固な防護壁を作ることではなく、入所施設から利用者を解放し、地域での受け皿（家庭的な雰囲気の生活の場や誰もが集える場等）をたくさんつくり、地域の人たちの手を借りながら不審者から隣人への危害を未然に防ぐことができるようにすることである。つまり、入所施設の構造的欠陥を無くすための方策を具体的に検討することであり、入所施設「解体」へと考え方の軸足を移し、脱施設化・地域生活支援のための具体策をこそ強化すべきなのである。

相模原の障害者支援施設でなされた障害者大量殺傷事件は、私たちが誰にどう寄り添っていかなければならないのかを問いかけている。無意識のうちに障害のある人たちに偏見をもち、彼らを差別し、「優生思想」と「否定的障害観」に不干渉でいる私たちへの警告でもある。

　厚生労働省が全国に号令をかけて118億円もの予算をかけて新たに行う対策も神奈川県が60億円〜80億円もかけて行おうとしている入所施設の建替えも、優生思想をもつ人たちの格好のターゲットとなる。特異な社会をより強固な閉鎖隔離空間にしていくだけであり、人が人らしく生きるための検討が全くなされていない。

　障害当事者の声（声なき声＝胸に耳をあてて心の声を聴く）[注1]に心から耳を傾けよう！　そうすれば、人間とは、夫婦とは、家族とは、子どもをもつとは、子育てとは、障害を負って生きるとは、地域で生きるとは、を教えてくれる。そして、障害の有無に関わらず、人間の関係とはどうあらねばならないのか、家族が幸せに生きることの大切さ、世の中が平和であること、お互いに人間として生きることの大切さ、愛のもろさ・はかなさ・豊かさ、差別しない・させない子育て、対等・平等の人間関係づくりの難しさ・大切さ等々をも知ることができる。

　私たちが相模原の障害者支援施設の大量殺傷事件から学ぶべきことは、私たちの心に巣食う優生思想と差別意識と決別していくこと以外にない。小さいときから地域で共に育ち・学ぶことから始め、障害当事者との長く地道な協働作業を通して、あらゆる場で当事者参画を実現させ、脱施設化・地域生活支援をさらに強力に推し進めていくことである。

　常に当事者の声／声なき声に耳を傾け、当事者に寄り添いながら、共生社会を実現させていくことである。そのために、私たちは、当事者に何かを要求する前に、まず彼らの思いや願いを聴くことから始める必要がある。彼らの思いや願いに耳を傾け、それらを引き出すこと。そこから新たな関係づくりがスタートするのだと思う。専門家主導の管理的・

終章　隣人を「排除せず」「差別せず」「共に生きる」　175

指導的関わりではなく、共に生き、共に歩むことのできる関係でありたいと思う。時にはお互いに耐えることが必要となるかもしれないし、見守るだけのことがあるかもしれないし、関係性に悩むことが出てくるかもしれないが。

　私たちは相模原障害者支援施設における人として到底許すことのできない大量殺傷事件を二度と起こさないために、また無念と恐怖のうちに亡くなられた施設利用者に報いるために、さらには、福祉業界のこれまでの努力は意義あるもので、決して無駄ではなく、これからも意義ある努力を地道に淡々と行い、これらの努力が人としての価値ある当然の歩みだと言えるようにするためにも、私たちはこの事件と向き合い続け、優生思想から完全に解放され、構造的欠陥をもち共生を妨げる入所施設の解体（脱施設化）に向けて動き出す必要がある。隣人を「排除せず」「差別せず」「共に生きる」共生社会を築き上げるために。

注
1) 浅野史郎「地域での生活　偏見なくす」2016 年 8 月 26 日付『朝日新聞』「耕論」。及び浅野氏がＤＰＩ副議長尾上浩二氏にあてたメール文（「声なき声は口に耳をあてて聴くのではない。胸に耳をあてて心の声を聴くのだ」）に所収。

おわりに

　2014 年 3 月、立教大学を定年退職。21 年間の大学教員生活に終止符を打ち、社会的には筆者なりの役割を終えた、と思っていた。そうした最中の 2016 年 7 月 26 日朝、相模原での凄惨な事件の報が飛び込んできた。その後の成り行きは本書「はじめに」で記した通りだが、結果として相模原障害者支援施設殺傷事件を巡る長い旅に出ることになってしまった。その途上で旧知の方々にお会いし、事件に関する意見を伺うことになった。

　筆者がお会いした日本の福祉関係者は、皆、大変な思いをしながら地域生活支援策を築いてこられた下郡山和子さんと同様の思いをもっておられた。

　「第一報に接し、（略）嘆きとともに、無力感が押し寄せました。私は、これまで何をしてきたのだろう……。

　重症心身障害がある娘を育てる中で、前を向いて、どんな重いしょうがいがある人も、ありのままで生きる権利があることを伝えようと様々な運動をしてきました。近頃、やっと、地域社会に受け入れられる下地ができたと思えるようになったのです。（略）

　労働力や経済的価値や能力で、人間を序列化する社会は、豊かな社会だとは言えません。障がいのある人の尊厳が守られなければ、人は尊厳をもって死んでいくことはできないでしょう。（略）

　防犯のために塀を巡らし、鍵をかけ、防犯カメラをつけるだけでは、犯罪の発生を防ぐことはできません。この事件をきっかけに、また、

177

閉鎖的な施設が増えることを危惧しております。

　施設は地域に開かれるべきものです。日常的に地域の人々が自然な形で交流する場があれば、障がいのある人々の価値に気付き理解が進むはずです。

　残念なことは、被害者の名前を公表されないことへの家族の怒りの声が、届かないことです。この世に生を受けて、かけがえのない人生を歩んでいたことの証を、闇に葬ってもいいのでしょうか。（略）」
（社会福祉法人つどいの家　広報誌『つどい』第23号2頁、2017年）

　また、「はじめに」で記した「福祉業界のこれまでの努力は無に帰した。私の50年間も。（略）障害をもって生きることの苦労を知らない職員たちに（利用者の）人生をにぎられている」というメールの内容の意図を知りたくて、元大田通勤寮寮長の本間弘子さんからもお話を伺った。本間さんも地域生活支援を積極的に行ってこられた方である。

　彼女は、（きょうだいの）意思を汲もうとしない施設職員に対するやるせなさや質の低下を嘆いておられた。その際手渡された『「ユマニチュード」という革命』（Y. ジネスト＆R. マレスコッティ著、本田美和子日本語監修、誠文堂新光社、2016年）に嘆きの理由があった。ユマニチュードは、フランス語で「人間らしさ」を意味するが、「あなたは人間です」「あなたのことが大事だ」と尊重され、「あなたは私と同じ価値を持っています」というメッセージを伝えながら「愛し愛され、人間らしく人生を満喫」できるように「優しさを伝え、優しさを受け取る」という人間関係の根源に迫る哲学の書である（同上書、5-9頁）。『「ユマニチュード」という革命』を読み、人間関係の根源に迫る関わりを忌避し、利用者主体ではなく、職員主体の施設のあり方に対する嘆きを語っていたのだということに気づかされた。

　「かけがえのない人生を歩んでいたことの証」を求める下郡山さんに

呼応するように、奈良﨑真弓さんは、かけがえのない人生を今まさに歩んでいることを次のように語っていた。

　「障害があるとかないとか関係なく、一緒に笑ったり感動したり、時には泣いたり怒ったり。それだけで、人は生きている価値があるんじゃないでしょうか。あるがままの命の重さを感じられるんじゃないかと思うんです。がんばらなくていい。笑ったり泣いたりできない人には『どうしたの？』と寄り添えばいい。」（2016年8月26日付『朝日新聞』）

　この事件は、世界の人々にも大きな衝撃と悲しみを与えた。海外から多くの追悼メッセージが寄せられると共に、この事件を煽るヘイトスピーチやネット右翼の存在に対して次のような指摘がなされていた。

　「私たちは、この悲劇をあおったヘイトに終止符を打つ決意をしなければなりません」（米国、キャロライン・ケネディ元駐日大使）（2016年8月26日付『朝日新聞』夕刊）

　と同時に、障害のある人たちに対する悲劇的な出来事をなくしていくための努力と決意を語る人もいた。

　「障害者にとって公正な社会づくりのため、世界中で私たちの力を注ぐことがいかに大切かを改めて思い起こさせている」（テレジア・デゲナー、国連障害者権利委員会副委員長）（2016年8月26日付『朝日新聞』夕刊）

　筆者がお会いしたスウェーデンの福祉関係者たちも、同様の衝撃と悲しみ、あらゆる差別解消への思いを語ってくれた。

おわりに　179

吉備聖約キリスト教会宣教師のEva Larssenさんからは、2009年1月1日に施行された差別禁止法の大切さを伺うことができた。差別禁止法は「性差、性同一性障害、民族・人種、宗教・信仰、障害、性的指向、年齢に対する差別を禁止し、他の人々と同じ価値と可能性をもてるようにすることを目的」（第1条）としたものである。

　イェテボリ・グルンデン協会本部支援者のAnders Bergströmさん、スウェーデン自立生活研究所所長のAdolf D. Ratzkaさんたちからも、相模原殺傷事件に対する怒りと無念の思いが伝えられた。その一方で、ノーマライゼーション社会の具体化を推進してきたBengt Nirje氏やKarl Grunewald氏、パーソナルアシスタンス制度確立に尽力した元社会福祉大臣Bengt C. G. Westerberg氏が相次いで亡くなり、スウェーデンの福祉が変質してきていることが語られた。

　2016年7月26日以降、衝撃的で悲しい出来事ばかりが脳裏に浮かんでは消えていく日々を送ってきた。同じような思いをもっていた人たちが大勢いたことや、「悲惨な事件を二度と起こさぬためにも、身近な差別の芽を見つめることから始めたい」（2016年8月27日付『朝日新聞』社説）、「色々な人が融合できる社会が健全で本当に強い社会」（伊澤雄一さん、2016年8月24日付『朝日新聞』）など、素敵なメッセージを送り届けてくれた大勢の人たちの存在を知ることもできた。

　2018年5月7日の新聞各紙で、一斉に津久井やまゆり園で建物の一部の取り壊し工事が始まったという記事が見られた。この記事を目にした現代書館編集部の小林律子さんが、次のようなメールをくださった。

　「ちょうど昨日、やまゆり園解体工事が始まったニュースが流れていました。開設当時、地域住民から施設職員を大量に雇ったことが新聞記事にありましたが、あの地域一帯が『施設村』化していたことが彷彿とされます。職員さんや家族の方は、この場所で、もう一度地域と一体化

した施設を取り戻したいとコメントしていましたが、当事者の方が本当にそれを望んでいるか、検証の声はなかったようです。やまゆり園に長期間暮らさざるを得なかった方たちが、それ以外の場を知って、どう判断するのか、その模索期間の今だからこそ、出すべき本だと思います。」

「やまゆり園解体工事が始まった」という情報を受け、筆者は5月14日に津久井やまゆり園まで出かけた。残念ながら、施設解体は始まったばかりで、具体的な解体作業の様子を見ることはできなかった。近所の人に話を伺うと、「開設当時、地域住民から施設職員を大量に雇ったものの、資格要件が厳しくなり、資格を持たない人から辞めていった。今は当時の半数位の人しか働いていないのではないか」とのことだった。また、この方は、施設利用者と地域住民との交流について、「施設利用者を見かけることはあっても、強いつながりがあったかどうかについては、あったともなかったとも言えないのが現状で、そう簡単に言えるものではない」とのことだった。

その後、小林さんから、10歳から14年間やまゆり園で暮らした一人の利用者が、意向確認を経て、横浜市にある社会福祉法人同愛会のグループホームに移ったという嬉しいニュース（2018年6月1日付『神奈川新聞』）が寄せられた。記事を読み、「引っ越しを喜ぶ笑顔がまぶしい」という小林さんの感想を実感するとともに、事件当時の入所者全員の望む暮らし方の意向確認という困難な作業を担う、神奈川県の意思決定支援検討会議での取り組みを注視していきたい。

さて、そろそろ本書を閉じることにしよう。

これまでのことからお分かりのように、読者諸氏には、「入所施設だったからこそ相模原大量殺傷事件が起きてしまった」ということを決して忘れないでいただきたい。また、名前すら公表されなかった被害者

おわりに　181

の無念の思いを感じ取ってほしい。さらに、被害者が人生をどのように全うしたかったのか、本当にやりたかったことは何かに思いを馳せ、被害者が求めていた社会づくりを実現していくことが我々に課されていることを心に留めていただきたい。

　この事件を乗り越える答は、入所施設の中にあるのではなく、形だけの地域交流にあるものでもなく、地域での暮らしを経験し、地域で提供される一人ひとりにあった支援、本人中心の地域で支え合う仕組みをつくることへの挑戦や当事者参画への挑戦を通してはじめて得られる、という考えの中にこそある。

　本書は2017年度浦和大学特定研究助成成果報告書を基に作成したが、本研究助成授与者である浦和大学大久保秀子学長を始め、浦和大学の関係各位にお礼を申し上げたい。また、この間お世話になった方々にもお礼を申し上げたい。

　末筆になるが、本書の出版を快く引き受けて下さった現代書館社長の菊地泰博さん、細部にわたるまで丁寧な編集をして下さった現代書館編集部の小林律子さんにお礼を申し上げたい。特に、小林さんからは、加筆・修正へのヒントをたくさんいただいた。彼女のお陰で充実した内容とすることができた。

　最後に、改めて亡くなられた19人の方々に哀悼の意を表すと共に、傷つけられ、心に傷を負った26人の方々にもお見舞いを申し上げたい。誰もが地域で当たり前に生きることができるような日が一日も早く来ることを願い、結語としたい。

　2018年6月

河東田　博

河東田　博（かとうだ　ひろし）

東京学芸大学特殊教育学科卒業。ストックホルム教育大学（現ストックホルム大学）大学院教育学研究科博士課程修了（Ph.D）。1974年から86年まで12年間、東京都の社会福祉施設に勤務。86年から91年まで約5年間、スウェーデンに滞在。脱施設化や自立生活運動、当事者参加・参画に関心をもち、研究を開始。四国学院大学、徳島大学・立教大学教授を経て、現在、浦和大学総合福祉学部特任教授。

主な著書に『スウェーデンの知的しょうがい者とノーマライゼーション』（単著）『知的しょうがい者がボスになる日』『福祉先進国における脱施設化と地域生活支援』（以上、編著）『ヨーロッパにおける施設解体』（共著）『スウェーデンにおける自立生活とパーソナル・アシスタンス』『ノーマライゼーションの原理』『スウェーデンにおける施設解体』『スウェーデンにおける施設解体と地域生活支援——施設カールスルンドの誕生と解体までを拠り所に』（以上、共訳）『福祉先進国に学ぶしょうがい者政策と当事者参画』（監修）（以上、現代書館）、『知的障害者の「生活の質」に関する日瑞比較研究』（編著、海声社）、『知っておきたい障がいのある人（聞こえにくい人・学びにくい人・見えにくい人・体を動かしにくい人・理解されにくい人・被災地の人）のSOS』（単著）（ゆまに書房）、『知的障害者の人権』（共著）（明石書店）、『コミュニティ福祉学入門』『現代の障害者福祉』（共著）（以上、有斐閣）、『私たちの津久井やまゆり園事件』（共著、社会評論社）等がある。

入所施設だからこそ起きてしまった相模原障害者殺傷事件
——隣人を「排除せず」「差別せず」「共に生きる」ための当事者視点の改革

2018年7月10日　第1版第1刷発行

著　者	河　東　田　　　博	
発行者	菊　地　泰　博	
組　版	具　　羅　　夢	
印　刷	平　河　工　業　社	（本文）
	東　光　印　刷　所	（カバー）
製　本	鶴　亀　製　本	
装　幀	カプラ　河東田　文	

発行所　株式会社 現代書館　〒102-0072　東京都千代田区飯田橋3-2-5
電話 03 (3221) 1321　FAX 03 (3262) 5906
振替 00120-3-83725　http://www.gendaishokan.co.jp/

校正協力・高梨恵一
© 2018 KATODA Hiroshi Printed in Japan ISBN978-4-7684-3563-2
定価はカバーに表示してあります。乱丁・落丁本はおとりかえいたします。

本書の一部あるいは全部を無断で利用（コピー等）することは、著作権法上の例外を除き禁じられています。但し、視覚障害その他の理由で活字のままでこの本を利用できない人のために、営利を目的とする場合を除き、「録音図書」「点字図書」「拡大写本」の製作を認めます。その際は事前に当社までご連絡ください。
また、活字で利用できない方でテキストデータをご希望の方はご住所・お名前・お電話番号をご明記の上、右下の請求券を当社までお送りください。

活字で利用できない方のための
テキストデータ請求券
『入所施設だからこそ起きてしまった
相模原障害者殺傷事件』

ケント・エリクソン 著／河東田 博・古関 ダール 瑞穂 訳
スウェーデンにおける施設解体と地域生活支援
——施設カールスルンドの誕生と解体までを拠り所に

河東田 博 著
スウェーデンの知的しょうがい者とノーマライゼーション
——当事者参加・参画の論理

J・ラーション 他著・河東田 博 他訳
スウェーデンにおける施設解体
——地域で自分らしく生きる

河東田 博 著
ヨーロッパにおける施設解体
——スウェーデン・英・独と日本の現状

河東田博 編著者代表
福祉先進国における脱施設化と地域生活支援

ベンクト・ニィリエ 著／河東田 博 他訳編
【新訂版】ノーマライゼーションの原理
——普遍化と社会変革を求めて

河東田 博 著
ノーマライゼーション原理とは何か
——人権と共生の原理の探究

スウェーデンはなぜ、どのように施設をなくすことができたのか。知的障害者の巨大入所施設カールスルンドの設立から解体まで、解体計画を立案・実行し、地域移行後の生活空間の実態研究をとおして、障害のある人が地域で暮らすノーマライゼーションの実践を余すところなく描き出す。2200円＋税

施設から地域へ、親・専門家による支配・保護から当事者参加・参画へと劇的に変わりつつあるスウェーデンの福祉制度、知的障害者入所施設ベタニアでの生活の様子、親の会において当事者が自己主張し、政策決定に参加するまでの具体的過程を追い、日本の課題を考える。2200円＋税

一九九九年十二月、ほぼ全ての入所施設が解体され、入所者たちは思い思いの方法で地域で暮らし始めた。百年の歴史をもつ知的障害者入所施設ベタニアの歴史と解体までの軌跡、利用者・家族・施設職員それぞれの解体後の意識の変化、反応・感情をつぶさに記録。1800円＋税

障害者入所施設はもういらない。スウェーデンではほぼ全ての施設が解体され、地域移行が完了している。施設を解体・縮小し、地域居住に移行している欧州の現状と地域移行にかかわる課題に学び、未だに入所施設が増大している日本における施設から地域への道筋を探る。1800円＋税

オーストラリア、ノルウェー、オランダ三カ国と日本の入所施設三カ所における地域移行プロセスの実態調査（当事者・職員・家族への調査）を基に、地域移行、地域生活支援の実態と課題を明らかにし、諸外国の地域生活支援に関する法制度の比較研究を含め、日本のあり方を展望する。3000円＋税

四十年前北欧で提唱され、今日共生社会の普遍的理念として支持され、社会のあり方を変えてきたノーマライゼーションの考え方を八つの原理に定式し、定着・発展させてきた「ノーマライゼーションの原理」の一九六〇年代から現在までの思想展開。ノーマライゼーションを語るときの原典。1800円＋税

北欧で誕生し今日共生社会の基本理念となっているノーマライゼーション。そのルーツに関する定説を覆す新たな発見（デンマーク1959年法でバンク・ミケルセンが唱える以前にスウェーデン社会庁報告書でノーマライゼーション原理が検討されていた）という新たな発見と、その後の展開の研究。1700円＋税

（定価は二〇一八年七月一日現在のものです。）